Beck'sche Reihe
BsR 819
Aktuelle Länderkunden

Dieses handliche Nachschlagewerk informiert kurz und bündig z. B. über die Weine und Käsesorten, die Nudel- und Fischgerichte, aber auch über die Zeitungen und Parteien, Liedermacher und Feiertage, Dialekte und Museen Italiens. Alles, was typisch italienisch ist, doch auch das Charakteristische der zwanzig unterschiedlichen Regionen wie Piemont und Apulien, Venetien und Calabrien kommt zur Sprache. Für den, der mit diesem Lexikon reist, entsteht aus tausend Einzelinformationen wie ein Mosaik die reiche, vielgestaltige Kultur Italiens.

Carmine Chiellino, Dr. phil., Wissenschaftlicher Mitarbeiter an der Universität Augsburg, gibt in diesem Lexikon knapp und präzis Antwort auf jene typischen Fragen, die ihm während seiner 17jährigen Tätigkeit als Vertreter der italienischen Kultur in der Bundesrepublik immer wieder von Italien-Liebhabern gestellt worden sind. Dabei setzt er jene Akzente, die dem deutschen Italien-Freund das „Land, wo die Zitronen blühn" in einem neuen, realistischen und vielleicht noch sympathischeren Licht erscheinen lassen. Veröffentlichungen u. a.: (zusammen mit F. Marchio und G. Rongoni) Italien, ²1988 (BsR 821); Die Reise hält an. Ausländische Künstler in der Bundesrepublik, 1988 (BsR 356). Als Lyriker deutscher Sprache ist Gino (Künstlername) Chiellino Chamisso-Preisträger der Bayerischen Akademie der Schönen Künste.

CARMINE CHIELLINO

Kleines
Italien-Lexikon

*Wissenswertes über
Land und Leute*

VERLAG C.H. BECK MÜNCHEN

Mit 3 Karten und 2 Übersichten

CIP-Titelaufnahme der Deutschen Bibliothek

Chiellino, Carmine:
Kleines Italien-Lexikon : Wissenswertes über Land und Leute /
Carmine Chiellino. – Orig.-Ausg. – München : Beck, 1989
  (Beck'sche Reihe ; 819 : Aktuelle Länderkunden)
  ISBN 3-406-32967-5
NE: HST; GT

Originalausgabe
ISBN 3 406 32967 5

Einbandentwurf von Uwe Göbel, München
© C.H.Beck'sche Verlagsbuchhandlung (Oscar Beck), München 1989
Gesamtherstellung: Presse-Druck- und Verlags-GmbH, Augsburg
Printed in Germany

Inhalt

Vorwort

Das Lexikon ist aus dem Wunsch entstanden,
- dem Italien-Besucher in seinen Alltäglichkeiten während des Aufenthaltes zur Hand zu gehen,
- eine erste knappe und präzise Antwort auf jene typischen Fragen zu formulieren, die dem Verfasser während seiner nunmehr 17jährigen Tätigkeit als Vertreter der italienischen Kultur in der Bundesrepublik immer wieder von Italien-Liebhabern gestellt worden sind.

Der Kern des Lexikons bildet die Darstellung der so unterschiedlichen, an Traditionen reichen 20 Regionen Italiens. Diese Artikel (siehe die „Übersicht der Schlüsselbegriffe" oder das Stichwort „Provinzkennzeichen") können als eine Art grundlegende Ortsbestimmung für den Besucher dienen. Von dort aus werden ihm Einzelheiten aus der Geschichte und der Alltagskultur, aus der Politik, der Küche, Landschaft, Literatur, Musik, dem Theater, Sport, der Folklore, aber auch der Wirtschaft und Ökologie angeboten. So entsteht langsam ein Gesamtbild zunächst der Region, dann des ganzen Landes.

Das Lexikon wird auch zu Hause als Nachschlagewerk und bei der Reisevorbereitung von Nutzen sein. Man kann es sogar als Führer durch die zahlreichen italienischen Läden benutzen, die in deutschen Landen entstanden sind.

Hinweise für den Benutzer

1. Abkürzungen

Das *Titelstichwort* ist innerhalb der einzelnen Artikel in der Regel abgekürzt (z. B. Abruzzi = A.).

Senkrechter Pfeil vor einem ↑Stichwort: bei Verweisen = siehe unter ...; innerhalb eines Artikels = siehe auch ...; vgl. ...

Die Abkürzungen der italienischen Provinzen bzw. Autokennzeichen finden sich unter dem Stichwort „Provinzkennzeichen".

2. Ausspracheー, Betonungs- und Genusregeln des Italienischen

Vokale

Diphthonge wie ao in Aosta, eu in Europa, ie in Rieti u. a. zählen als eine Silbe, werden jedoch wie zwei getrennte Vokale ausgesprochen.

Konsonanten

c vor a, o, u ergibt ein k: z. B. Catania, Como, Cuneo.

c vor e und i wird als tʃ-Laut (vgl. Rutsche) ausgesprochen: z. B. Lecce, Sicilia.

c vor ia, io, iu ergibt einen tʃ-Laut, wobei das i nicht ausgesprochen wird: z. B. ciao.

che und chi ergeben ein k: z. B. Marche oder Chieti.

g vor a, o, u ergibt ein g: z. B. Bergamo, Gorizia, Liguria.

g vor e und i wird als dʒ-Laut (vgl. Dschungel) ausgesprochen: z. B. Genova, Giro d'Italia.

g vor ia, io, iu ergibt einen dʒ-Laut, wobei das i nicht ausgesprochen wird: z. B. Foggia, Reggio Emilia, Venezia Giulia.

ghe und ghi wird g ausgesprochen: z. B. ghetto, ghiaccio.

gn wird nj ausgesprochen wie: z. B. Bologna.

sc vor i und e sowie vor ia, io und iu wird als ʃ-Laut (vgl. Schatulle) ausgesprochen, wobei das i nicht ausgesprochen wird: z. B. Brescia.

sc vor a, o und u sowie sch vor i und e werden wie sk ausgesprochen: z. B. Pescara, Ascoli, maraschino.

v wird wie ein deutsches w ausgesprochen: z. B. Venezia.

Betonung

Allgemein liegt die Wortbetonung auf der vorletzten Silbe; wichtige Ausnahmen bilden mit der Betonung auf der drittletzten Silbe: Adige, Ascoli, L'Aquila, Bergamo, Cagliari, Genova, Mantova, Napoli, Pesaro, Padova, Sassari, Taranto, Teramo, Trapani, Udine und Veneto.

Genus

Die italienischen Substantive lassen sich je nach Endung in 3 Genus-Hauptgruppen zusammenfassen:

	1. weiblich	*2. männlich*	*3. weiblich o. männlich*
Singular	a	o	e
Plural	e	i	i

Daher werden bei den Wörtern der Gruppe 3 sowie bei sonstigen Abweichungen Genus und Numerus extra angegeben.

3. Übersicht der Schlüsselbegriffe

altamoda	Museen
Autobahnen	Naturschutzgebiete
autonomie locali/Lokalverwaltung	Obst
Bildhauerei	Olivenöl
brandy	Organisationen
caffè/Kaffee	Parlament
Estate italiana/Italienischer Sommer	Parteien
Feiertage	pasta
Festspiele	Präsident der Republik
Film	Regierung
Folklore	Regionen:
Gemüsekalender	Abruzzi
Gärten, botanische	Basilicata
Jahrmärkte	Calabria
Jazz	Campania
Käse	Emilia-Romagna
Klöster	Friuli-Venezia Giulia
Kräuter	Lazio
Lira	Liguria
Literatur	Lombardia
Malerei	Marche
mafia	Molise
Ministerien	Piemonte
musica/Musik	Puglia

Wissenswertes über Land und Leute
von A bis Z

A

AA VV, *Autori Vari.* Verschiedene Autoren, Angabe auf der Titelseite eines Sammelbandes mit Beiträgen verschiedener Autoren.

abbacchio. Milchlamm.

Abruzzi (Abruzzo). Die A. (10 800 km², ca. 1,2 Mio. E.) sind ein reines Berg- und Hügelland *(Gran Sasso d'Italia* 2912 m, *Maiella* 2795 m). Die Ebene *Piana del Fúcino* entstand infolge der 1887 vollendeten Trockenlegung und landwirtschaftl. Sanierung des drittgrößten it. Sees (170 km²) durch die Familie Torlonia; 1951 wurden die ursprünglich 28 000 Parzellen auf 8000 reduziert. Seit 1922 ist die Ebene Teil des Nationalparks der A. (↑*Naturschutzgebiete*). Typ für die A. sind im Herbst u. Winter die kalte *Bora* aus NO, der Küstenwind *Maestrale,* der warme, regenreiche Südwind *Scirocco* u. der Landwind *Garbino.*

In den inneren Tälern der A. werden Futtermittel, Getreide, Kartoffeln, ↑*Obst,* Tabak, Safran u. Zuckerrüben angebaut, ↑*Wein* u. Oliven (↑*Olivenöl*) auf den Hügeln zur Adria hin, an der Küste vorwiegend ↑*Gemüse.* In geringem Maße wird noch traditionelle Schafzucht betrieben. Erdgasvorkommen u. zahlreiche Wasserkraftwerke bilden eine günsti-

ge Voraussetzung für die Industrialisierung der Region, die mit Unterstützung der ↑*CASMEZ* kleine Industriezentren für den Regionalbedarf aufgebaut hat: in der Valle del Pescara (Zement, Chemie, Hüttenwesen, Maschinenbau), bei Teramo (Möbel, Nahrungsmittel, Erdgas), bei Vasto (CH, Raffinerie, Erdgas), bei L'Aquila, Avezzano u. Sulmona (AQ, Textil u. Bekleidung, Papier u. Baumaterial). Das Handwerk wird in den traditionellen Bereichen gepflegt: Kupfer u. Eisenarbeiten in Francavilla u. Guardiagrele (CH), Holzbearbeitung, Bettdecken, Teppiche in Taranta Peligna (CH), Keramik in Francavilla (CH) u. v. a. Castelli (TE), Klöppelarbeiten u. Stickereien auf dem Klöppelkissen *(tombolo).* Außerdem herrscht reger Sommer- und Wintertourismus. Das Bruttosozialprodukt der A. liegt knapp unter dem Landesdurchschnitt.

In der Regional- u. Provinzhauptstadt Pescara u. den Provinzhauptstädten L'Aquila, Chieti u. Teramo befinden sich Universitäten, die in den Jahren 1982/1965 neu gegründet wurden. Die drei Dialektvarianten der A. gehören zum Meridionale Intermedio (↑*Sprache u. Dialekte*). Bekannte Autoren aus u. über A: G. d'Annunzio (1863–1938), B. Croce, Historiker u. Philosoph (1866–1952), I. Silone (1900–1978). Es gibt keine Stadt- o. Regionalzeitungen, wohl eine A.-Beilage in nationalen u. überregionalen ↑*Zeitungen.* ↑*Regionen,* ↑*Provinzkennzeichen,* ↑*pasta,* ↑*Parteien,* ↑*Volksmusikinstrumente,* ↑*Museen,* ↑*Jahrmärkte,* ↑*Klöster,* ↑*Natale.*

AC, *Azione Cattolica.* Katholische Aktion (↑*Organisationen*).

ACC, *Alta Corte Costituzionale.* Oberstes Verfassungsgericht, also höchste juristische Instanz für Rechtsfragen, die in einem direkten Zusammenhang mit der Verfassung (↑*Costituzione*) von 1946 stehen.

Accademia dei Lincei. Die ‚Akademie der Luchse' wurde 1603 in Roma gegründet, zur Förderung von Philosophie, Philologie, Mathematik u. Naturwissenschaften, 1630 aufgelöst, 1801 wiedergegründet, vom Faschismus 1939 an die ↑*Accademia d'Italia* angegliedert, 1944 in der heutigen Struktur neuorganisiert. Sie vergibt jährlich den nationalen Forschungspreis *Galileo Galilei.*

Accademia della Crusca, ‚Akademie der Kleie'. Erste konstituierende Sitzung am 12. März 1585 unter Lionardo Salviati in Firenze. Ziel war die Untersuchung und Reinhaltung der florentinischen Sprache *(„das Mehl von der Kleie trennen"),* Herausgabe des *Vocabolario della Crusca* (1591–1612). Sie wurde 1923 unter Mussolini (↑*fascismo*) aufgelöst, nahm mit der Gründung der it. Republik ihre Tätigkeit wieder auf u. erarbeitet z. Z. zusammen mit dem ↑*CNR* eine völlig neue Auflage des *Vocabulario.* 1973 zog sie vom Palazzo Medi-

ci-Riccardi in die Villa Medici di Castello bei Firenze um.

Accademia d'Italia, ‚Akademie Italiens', 1923 unter Mussolini (↑*fascismo*) vom Minister für öffentlichen Unterricht, dem Philosophen Giovanni Gentile (1875–1944), zur Förderung der neuen faschistischen Kultur It.s gegründet, 1944 in die neuorganisierte ↑*Accademia dei Lincei* übergegangen.

ACI. 1. *Automobile Club d'Italia,* Automobilclub Italiens, gegr. 1905, entspricht dem dt. ADAC; 2. *Azione Cattolica Italiana,* (↑*Organisationen*).

ACLI, *Associazioni Cristiane Lavoratori Italiani* ↑Organisationen, ↑ENAIP.

ACPOL, *Associazione di Cultura Politica.* Verband für politische Kultur, 1969 durch Spaltung der ACLI (↑*Organisationen*) von Livio Labor gebildet, 1970 in den *Movimento Politico dei Lavoratori* (↑*MPL,* Politische Arbeiterbewegung) umgewandelt.

acquavite *f.* Oberbegriff für Schnäpse wie ↑*grappa.*

ACRI, *Associazione fra le Casse di Risparmio Italiane.* Dachverband der it. Sparkassen.

ADVS, *Associazione Donatori Volontari del Sangue,* Verband der freiwilligen Blutspender.

AeCI, *Aero Club Italiano.* It. Aereo Club.

affogato. ‚ertrunken', bezeichnet z. B. ein *gelato affogato*, ein mit Alkohol übergossenes Eis (↑*brandy*, ↑*amaro*).

AGCI, *Associazione Generale delle Cooperative Italiane.* Dachverband der it. Genossenschaften, gegr. 1893 als *Lega Nazionale delle Cooperative,* während des ↑*fascismo* in eine staatliche Struktur umgewandelt, 1952 Wiederaufbau unter dem heutigen Namen.

AGIP, *Azienda Generale Italiana Petroli.* Gegr. 1926, staatliche it. Vertriebsgesellschaft für Erdölprodukte mit Tankstellennetz im In- und Ausland, gehört heute zum ↑*ENI*-Konzern. ↑*SNAM.*

AGIS, *Associazione Generale Italiana dello Spettacolo.* Dachverband zahlreicher Verbände von Schauspielern u. Künstlern aus der Unterhaltungsbranche.

aglio ↑Kräuter.

agnello. Lamm, bis zu einem Jahr alt.

agnolotti *mpl.* ↑pasta.

agro, all'- . Gekochtes Fleisch o. Gemüse, mit ↑*Olivenöl* und Zitrone zubereitet.

agrodolce *m.* Süß-saure Soße aus Weinessig, Zucker u. a.

AIRE, *Anagrafe degli Italiani Residenti all'Estero.* Melderegister, das jede Gemeinde seit 1983 zur weiteren Erfassung der Auslandsitaliener führen muß.

Albaner *(Albanesi).* Ihre erste Ansiedlung in It. soll im 14. Jh. von Alfons I. von Aragonien, König von Neapel, ausgegangen sein. Albanischsprechende Minderheiten (insg. knapp 80000) leben heute in kleinen Gemeinden der Regionen Abruzzi, Basilicata, Calabria, Campania, Molise, Puglia u. Sicilia (↑jeweils dort, ↑*Religion*).

Alberghi e Ristoranti d'Italia ↑TCI.

ALFA-Romèo, *Anonima Lombarda Fabbrica Automobili,* ‚Lombardische Aktiengesellschaft für Automobilwerke', 1909 in Milano gegr., heute ein staatlicher Betrieb.

ALITALIA, *Aerolinee Italiane Internationali.* ‚Internationale italienische Fluglinien', nationale Fluggesellschaft It. seit 1957, als die 1948 gegr. *LAI (Linee Aeree Italiane,* ‚It. Fluglinien') in A. umgewandelt wurde.

alloro ↑Kräuter.

altamoda. In den 70er Jahren durchbrach die it. A. das Monopól der *Haute Couture* aus Paris. Eine neue Generation von Stofferzeugern, Modeschöpfern u. Schneidern aus Milano, Firenze u. Roma entwickelte aus der klassischen A. für auserwählte Kreise die *moda pronta* für eine breitere Käuferschicht, hochmodische Bekleidung, in Verbindung mit einer ganzen Kollektion aus Hüten, Strümpfen u. Socken, Make-up, Schuhen, Schmuck, Parfüm, Handschuhen u. Taschen. Träger dieser Entwicklung sind Modeschöpfer wie *Giorgio Armani, Laura Biagiotti, Enrico Coveri, Loretta di Lorenzo, Fendi, Gianfranco Ferré, Nazareno Gabrielli, Krizia* alias *Mariuccia Mandelli, Ottavio Missoni, Trussardi, Mario Valentino, Gianni Versace, Ermenegildo Zegna.* Die Unternehmer *Benetton, Fiorucci* u. *Stefanel* produzieren für junge Leute im In- u. Ausland. Nur der Schuhbereich hat wenig von seiner Eigenständigkeit verloren, führend sind nach wie vor: *Mario Bruni, Salvatore Ferragamo, Bruno Magli.* Maßgebend in der Herstellung von Hüten bleibt die Firma *Borsalino* aus Alessandria, Inhaberin des *Museo del Cappello* (Hutmuseum), wo u. a. alle Modelle der Firma seit 1857 zu sehen sind. Zur A. i. w. S. gehören *Gruppo Finanziario Tessile (GFT)*, die Finanzgruppe der Bekleidungsindustrie, die Mailänder Ausstellungen wie *Milanovendemoda* (Mailand-verkauft-Mode), die Messen *Pitti Uomo, Pitti Donna* u. *Pitti Bambini* in Firenze, die internationalen Mode-Magazine *Donna* u. *L'Uomo Vogue*, der Modepreis *Occhio d'Oro* (Goldenes Auge) für die beste Kollektion des Jahres. Haupteinkaufsstraßen der A.: *via Frattina* u. *via dei Condotti* in Roma, *via Tornabuoni* in Firenze, *via Montenapoleone* in Milano; Vertretungen in Düsseldorf, Frankfurt u. München, New York, Paris, Zürich, aber auch Hongkong u. Singapur.

alternativa democratica o. alternativa di sinistra. Demokratische o. Linksalternative. Angebot des PCI (↑*Parteien*) seit Anfang der 80er Jahre an Parteien u. demokratische Kräfte links der DC (PRI, PSI u. a.) zur Bildung einer Alternative ohne die DC, anstelle des nie erreichten ↑*compromesso storico*.

AM, *Aereonautica Militare.* Luftwaffe.

amaretto. Süßer Likör aus Mandeln u. Obstkernen. Am berühmtesten ist der *Amaretto di Saronno* (VA).

amaro o. **bitter.** Getränk mit 30 bis 40% Alkohol, unter Verwendung von aromatischen Kräutern hergestellt, wird als Aperitif o. Verdauungstrunk, pur o. mit Mineralwasser, auf Eis o. im ↑*caffè espresso* getrunken.

amatriciana, all'~. Nudelgericht (↑*pasta*) mit Soße aus Tomaten, Speck, Zwiebeln, ↑*Olivenöl*, Salz u. Pfeffer.

AME, *Accordo Monetario Europeo.* Europäisches Währungsabkommen.

ANAS, *Azienda Nazionale Autonoma delle Strade Statali.* Autonome Verwaltung der Nationalstraßen, gegr. 1928, staatl. Gesellschaft zur Verwaltung u. Instandhaltung der Nationalstraßen u. des staatl. Teils des Autobahnnetzes (↑*Autobahn*).

ANIC, *Azienda Nazionale dell' Industria Chimica.* Staatliche Gesellschaft der Chemieindustrie.

ANIC, *Azienda Nazionale Idrogenazione Carburanti.* Staatliche Gesellschaft für Brennstoffhydrierung, gegr. 1936.

animelle *fpl.* Innereien, vor allem Pankreas u. Bries, werden zum Braten verwendet.

Annuario Statistico Italiano ↑ISTAT.

Anti-Mafia-Gesetz ↑mafia.

AO, *Avanguardia Operaia.* Arbeiter-avantgarde, eine linke außerparlamentarische Nachfolgergruppe des ↑MS mit eigener Tageszeitung *(Quotidiano dei Lavoratori),* 1978 zusammen mit ↑*Lotta Continua* und *Il Manifesto* (↑*Parteien*) der DP beigetreten.

aperol. Leichter ↑*amaro*, der als Aperitif getrunken wird.

apertura a sinistra, centro sinistra. Öffnung nach links, Mitte-Links-Regierungskoalition. Die A. war Vorbereitungsphase für die Beteiligung des PSI (↑*Parteien*) an Regierungskoalitionen mit der DC, zunächst durch indirekte Beteiligung am Programm des VI. Kabinetts unter Führung des Christdemokraten Amintore Fanfani (21. 2. 1962 – 21. 6. 1963), das im Parlament durch die Stimmenthaltungspolitik des PSI unterstützt wurde. 1963 erstes *centro sinistra* aus DC, PSI, PRI u. PSDI unter dem Christdemokraten Aldo Moro.

API, *Anonima Petroli Italiana.* It. Aktiengesellschaft für Erdölprodukte mit eigenem Tankstellennetz.

arancino o. **suppli.** ‚Kleine Apfelsine‘; Reisbällchen gefüllt mit Hühner-innereien, Mozzarella (↑*Käse*) u. Erbsen.

Arcadia, Accademia dell' ~ . 1690 mit Unterstützung der ehemaligen, in Roma lebenden Königin Christine von Schweden als Reaktion auf die Formalismen der ↑*Literatur* des *Seicento* gegründet, unter den 14 Gründungsmitgliedern waren die Literaten Giovan Maria Crescimbeni (1663–1728) u. Gian Vincenzo Gravina (1664–1718), der den späteren Hauptvertreter der Arcadia-Literatur, Pietro Metastasio, als junges Talent zu sich nahm. Ästhetisches Modell war eine die idyllische Einfachheit des Hirtenlebens einer mythologischen Vergangenheit postulierende Dichtung.

ARCE, *Associazione per le Relazioni Culturali con l'Estero.* Staatl. Verband für den Kulturaustausch mit dem Ausland.

Architektur *(architettura)* **des 20. Jh.** Gegen die A. des 19. Jh. hatte sich Antonio Sant'Elia mit dem Manifest der futuristischen A. (↑*Futurismo*) 1914 ausgesprochen. 1926 setzte sich die Mailänder *Gruppe der 7* um Luigi Figini (geb. 1903) u. Giuseppe Terragni (1904–1942) für eine zweite Erneuerung im Sinne der europäischen rationalistischen A. der Zeit ein. Sie beteiligten sich an Projekten wie dem Bau der Universität *La Sapienza* in Roma, des römischen Wohnviertels ↑*EUR* o. der Stadt Saubaudia bei Latina. In den 30er Jahren entwarf Giovanni Michelucci (geb. 1891) den Bahnhof *Santa Maria Novella* von Firenze, Pier Luigi Nervi (1891–1979) baute das Stadion von Firenze, die Sporthalle u. das Stadion Flaminio in Roma. Während der ↑*ricostruzione* u. danach traten Architekten wie Gio

Ponti (1891–1979) mit dem Hochhaus von *Pirelli* in Milano hervor, Calini u. Montuori mit dem römischen Hauptbahnhof *Termini*, Luigi Quaroni (geb. 1911) mit dem Vorort *La Martella* von Matera, Giovanni Michelucci mit der zeltähnlichen Kirche *S. Giovanni Battista* an der Autobahn bei Firenze, Gae Aulenti (geb. 1927) mit ihrem *Musée d'Art Moderne* des Centre Pompidou in Paris, Giancarlo De Carlo (geb. 1919) mit dem Wohnviertel *Matteotti* in Terni, Vittorio Gregotti (geb. 1927) mit der *Università della Calabria* u. Riccardo Morandi (geb. 1902) mit seinen Brücken in Italien, Venezuela u. Kanada.

ARCI, *Assoziazione Ricreativa Culturale Italiana.* ,It. Kultur- u. Erholungsverband', nationale Organisation für Kultur u. Freizeit des PCI (↑*Parteien*), gegr. 1957, 1226000 Mitglieder (1981). Innerhalb der ARCI wurde 1980 die *Lega per l'Ambiente* (Liga für Umweltschutz) aufgebaut.

Arco Costituzionale, Partiti dell' ~ . Als ,Parteien des Verfassungsbogens' werden i. e. S. die ↑*Parteien* der ↑*Costituente,* i. w. S. alle Parteien im heutigen Parlament bezeichnet, bis auf den MSI (wegen der historischen Verbindung zum ↑PNF).

arista. Teil vom Schweinsrücken, der in der ↑*Toscana* meist gegrillt angeboten wird.

Arlecchino ↑Commedia dell'Arte.

ARMIR, *Armata Italiana in Russia.* Italienische Armee in Rußland; it. Streitkräfte, die im Zweiten Weltkrieg an der Ostfront gegen die Sowjetunion an der Seite der Wehrmacht kämpften.

aromi (*Pl.*von *aroma, m.*). ↑Kräuter, Blumen, Samen, Wurzeln, Schalen u. Knollen, die zum Abschmecken von Speisen verwendet werden.

arrabbiata, all' ~ . Scharfe Tomatensoße für Nudeln, z.B. *penne all'arrabbiata* (↑*pasta*).

asiago ↑Käse.

asilo nido. Kinderkrippe, kann privat o. staatlich geführt werden und nimmt Kinder bis zur Vollendung des 2. Lebensjahres auf (↑*scuola materna*).

ATI, *Aereo Trasporti Italiani.* It. Flugfrachtgesellschaft, gehört zur ↑*Alitalia* bzw. ↑*IRI.*

Autobahnen (*autostrade*). Auf allen it. A., bis auf die Strecke Salerno–Reggio Calabria der A3, wird eine Mautgebühr *(pedaggio)* nach Anzahl u. Abstand der Fahrzeugachsen erhoben. Die Höchstgeschwindigkeit auf A. beträgt (Regelung seit 12. 9. 88) an Werktagen 130 km/h, während der Ferien, Wochenenden u. ↑*Feiertage* 110 km/h; 90 km/h auf normalen Straßen und 50 km/h in Ortschaften.

A1 Milano–Roma 554,1 km, A2 Roma–Napoli 201,2 km, A3 Napoli–Reggio C. 494,9 km, (A1 + A2 + A3 bilden die *Autostrada del Sole,* Sonnenautobahn), A4 Torino–Trieste 516,3 km (die *Serenissima*), A5 Torino–Aosta 100,8 km, A6 Torino–Savona 125,7 km, A7 Milano–Genova 133,6 km, A8 Milano–Varese 42,6 km, A9 Lainate–Chiasso 34,3 km, A10 Genova–Ventimiglia 157,1 km, A11 Firenze–Mare 81,7 km, A11/A12 Viareggio–Lucca 19,2 km, A12 Genova–Livorno 173,9 km, A13 Bologna–Padova 116,7 km, A14 Bologna–Taranto 744,1 km, A15 Parma–La Spezia 108,3 km, A16 Napoli–Canosa 172,3 km, A18 Messina–Catania 75,6 km, A19 Palermo–Catania 199,6 km, A20 Messina–Palermo im Bau, A21 Torino–Piacenza–Brescia 238,1 km, A22 Brennero–Modena 313 km, A23 Palmanova–Carnia 60,6 km, A24 Roma–L'Aquila 124,3 km, A25 Torano–Pescara 112,8 km, A26 Genova Voltri–Santhià 133,1 km, A27 Mestre–Vittorio Veneto 59,1 km, A28 Portogruaro–Pordenone 21,1 km, A29 Palermo–Mazara del Vallo 115,7 km, A29 Trapani–Birgi (Abzweigung) 43,7 km, A30 Caserta–Salerno 55,3 km, A31 Vicenza–Schio 36,5 km.

Tunnelautobahnen *(trafori)*: T1 Monte Bianco 11,6 km, T2 Gran S. Bernardo 5,8 km, T4 Fréjus 10,5 km.

Autobahnzubringer *(raccordi)*: A13 Ferrara–Porto Garibaldi 54 km, A1 Firenze–Siena 56,6 km, A1 Perugia 29,1 km, A14 Fano–Fossombrone 28,9 km, A14 Ascoli–Piceno 23 km, A3 Avellino–Salerno 31,2 km, A3 Sicignano–Potenza 46,2 km, Taranto–Grottaglie 18,9 km, Brindisi–Lecce 34,5 km.

Autokennzeichen ↑Provinzkennzeichen.

Autonomia ↑Potere Operaio, ↑Sette Aprile.

autonomie locali. Die ‚örtlichen Verwaltungen' sind folgende Verwaltungsgremien der ↑*Regionen,* Provinzen u. Gemeinden: *consiglio comunale* (Gemeinderat), ↑*giunta* (Ausschuß) u. *sindaco* (Bürgermeister) bei den Gemeinden; *consiglio provinciale* (Provinzrat), *giunta* u. *presidente della provincia* (Provinzpräsident); *consiglio regionale* (Regionalrat), *giunta* u. *presidente della regione* (Regionspräsident). Sie werden alle 4 Jahre nach dem Proportionalsystem gewählt, in Gemeinden mit weniger als 5000 E. nach dem Mehrheitssystem. Verbindung u. Vertretung der Zentralregierung bei den örtlichen Verwaltungen sind bei der Region der *commissario del governo* (Regierungskommissar), bei den Provinzen der *prefetto* (Präfekt) u. der *questore* (Polizeipräsident), bei den Kommunen der *segretario* (Gemeindesekretär), ferner Vertretungen der einzelnen Ministerien in den Regions- u. Provinzhauptstädten. ↑*frazione,* ↑*PRG.*

Aventino. Römischer Hügel, auf den sich nach der Entführung u. Ermordung (10. Juni 1924) des sozialistischen Abgeordneten Giacomo Matteoti (1885–1924) durch die faschistische Staatspolizei (↑*fascismo*) die antifaschistische Opposition aus Protest zurückzog.

averna. Kräuter ↑*amaro* aus Sicilia.

AVIS, *Associazione Volontari Italiani del Sangue.* Freiwilliger Blutspenderverband Italiens.

Az., *Azione f.* Aktie.

Azione Rivoluzionaria. ‚Revolutionäre Aktion' (↑*BR*).

B

babà *m.* Kleiner Kuchen, mit Rum o. ↑*brandy* getränkt.

baccalà *m.* Gesalzener Kabeljau (↑*stoccafisso*), in Tomatensoße mit Pinienkernen o. paniert u. fritiert nach Römischer Art zubereitet.

Bäume. Als älteste legendenumwobene B. It.s gelten: die *Linde* von Macugnana (NO) aus dem Jahr 1260; der *Kastanienbaum* des Dichters Vittorio Alfieri (1749–1803) von Sostegno bei Biella (VC); die *Platane* von Caprino Veronese (VR), 600 Jahre alt; die *Weißkiefer* aus der Verna (AR), Zeugin der Taten von Franz von Assisi (1182–1226); der tausendjährige *Olivenbaum* bei Canneto Sabino (RI) mit 20 Ztr. Oliven pro Jahr; die *Buche* aus dem Bosco di Sant'Antonio bei Pescocostanzo (AQ), über tausend Jahre alt, der *Pino Laricato* der Serra Crispo im Pollino-Gebirge (PZ), in einer Piniengruppe auf 2000 m Höhe; die *Sila-Pinien* aus der Giganti della Sila bei Camigliatello (↑*Naturschutzgebiete*); die uralte *Vallonea-Eiche* bei Tricase (LE) aus dem Orient; der *Ölbaum* von Santa Maria Navarese bei Arbatax (NU), der 1050 während eines Wolkenbruches die Tochter des Königs von Navarra gerettet haben soll; der *Kastanienbaum Sant'Alfio* beim Etna. Der wohl berühmteste B. It.s, die *Eiche des Torquato Tasso* (1544–1595) auf dem römischen Hügel Gianicolo, ist heute mehr als Ruine zu besichtigen.

bagna cauda. Piemontesische scharfe Soße aus ↑*Olivenöl*, Knoblauch, Anschovis u. ↑*Trüffeln*, z.B. für *cardi*, eine eßbare Distelsorte.

bande basse *fpl.* Volksmusikgruppen aus *piffero, tamburo* (↑*Volksmusikinstrumente*), Becken u. *grancassa* (große Trommel), treffen sich seit 1969 jeden Juli zum *Festival dei Tammur di Grumo Appula* (BA).

bar. Café, wo an der Theke Süßigkeiten, Milch u. Milchprodukte, Mineralwasser u. Erfrischungsgetränke u.a. zum sofortigen Verzehr o. zum Mitnehmen verkauft werden.

Basilicata o. **Lucania.** Die B. (10' km², Regions- u. Provinzhauptstadt Potenza mit Universität seit 1982, zweite Provinzhauptstadt: Matera) ist mit etwas über 600000 Einwohnern eine relativ dünn besiedelte Region u. überwiegend Berg- u. Hügelland (*Gruppo del Pollino* 2248 m, *Monte Sirino* 2005 m). Das Klima ist durch kalte Winterwinde wie die *Tramontana* u. durch warme, feuchte Winde aus S *(Scirocco)* bestimmt.

Während im Landesinnern Getreide, Hülsenfrüchte u. Kartoffeln nur für den Eigenbedarf angebaut werden, gibt es auf der *Piana di Metaponto* industrialisierte Landwirtschaft (↑*Gemüse*, ↑*Obst*, Oliven, Tabak, ↑*Zitrusfrüchte*, Zuckerrüben, ↑*Wein*). Geringe Erdgas- u. Erdölvorkommen führten zur Bildung von kleinen Industriezentren z.B. in der Valle del Busento bei Pisticci u. Ferrandina (MT) (Chemieprodukte u. Faserherstellung der ↑*ANIC*). Das Handwerk verarbeitet Holz, Kupfer u. Eisen; typ. für die B. ist die Herstellung von Vasen u. Tellern aus Terracotta nach alter griech. Tradition. Der Sommertourismus ist relativ gering. Das Bruttosozialprodukt liegt bei etwa 70% des Landesdurchschnitts, die Arbeitslosigkeit ist überdurchschnittlich hoch.

Die 4 Dialektvarianten der B. gehören zu den mittleren südit. Dialekten *(Meridionale-Intermedio,* ↑*Sprache u. Dialekte).* In der Provinz Potenza gibt es einige kleine alban. Gemeinden (↑*Albaner):* Basile, Casalnuovo Lucano, Ginestra, Moschito, San Costantino Albanese.

Bekannte Autoren aus u. über B.: L. Sinisgalli (1908–1981), R. Scotellaro (1923–1953), C. Levi (1902–1975). Es gibt keine regionseigenen Tageszeitungen, wohl aber B.-Beilagen in ↑*Zeitungen* aus Nachbarregionen, z.B. in ‚La Gazzetta del Mezzogiorno' (↑*Puglia).* ↑*Regionen,* ↑*Provinzkennzeichen,* ↑*pasta,* ↑*Käse,* ↑*Museen,* ↑*Parteien,* ↑*Sassi di Matera,* ↑*Naturschutzgebiete,* ↑*Jahrmärkte,* ↑*Folklore-Veranstaltungen.*

basilico ↑Kräuter.

basso. Familienwohnraum in den Volksvierteln von Napoli, wie etwa in Forcella, mit direktem Eingang von der Gasse.

battuto. ‚geschlagen'; kalte Soße aus Dörrfleisch o. Schinkenspeck mit Zwiebeln, Knoblauch, Sellerie, Petersilie u. Karotten.

bavette ↑pasta.

befana. Alte, häßliche, schwarzgekleidete Frau, die nach der Volkstradition in der Nacht der *Epiphania* (↑*Feiertage)* durch den Kamin in die Häuser steigt, die artigen Kinder beschert u. den bösen die Socken mit Kohle u. Asche vollstopft. Berühmt ist der römische *Befana-Markt* auf der Piazza Navona.

Bel Paese ↑Käse.

besciamella. Béchamelsoße für *lasagne* (↑*pasta)* aus Butter, Mehl, Milch u. ↑*aromi.*

bianchetto. ‚Das kleine Weiße'; Sardellen, die zu kleinen Kuchen fritiert werden.

bianco, in bianco, ‚in Weiß'. Nudelgericht, das nur mit Butter o. rohem Olivenöl u. geriebenem Käse zubereitet wird.

Biennale Internazionale d'Arte *f.* Alle zwei Jahre in Venezia stattfindende internationale Kunstausstellung, wurde 1893 zum 25. Hochzeitstag von Umberto u. Margherita di ↑*Savoia* ins Leben gerufen, 1895 in den öffentlichen Gärten im östlichen Stadtteil von Venezia zum 1. Mal eröffnet. 1932 kam die *Esposizione Internazionale d'Arte Cinematografica* (Internationale Filmausstellung, ↑*Film)* hinzu.

bignè *m.* Windbeutel mit Vanille o. Schokoladencreme u. mit Sahne o. Käse gefüllt.

bigoli ↑pasta.

Bildhauerei *(scultura)* hatte in It. im

20 Jh. ihren Erneuerer in dem futuristen Umberto Boccioni (↑*futurismo*) mit Werken wie ‚Entwicklung einer Flasche im Raum' und ist weiter geprägt worden von Arturo Martini (1889–1947), der sich an der klassischen B. der Etrusker u. der Römer orientierte, Marino Marini (1901 bis 1980) mit seiner Vorliebe für Reiter u. Pferde, Giacomo Manzù (geb. 1908), mit Portäts u. Kirchenportalen, Amedeo Modigliani (1884 bis 1920) mit Frauenköpfen in Stein, Emilio Greco (geb. 1903) mit seinem berühmten Pinocchio-Denkmal in Collodi (PS), Francesco Messina (geb. 1900) mit dem ‚Sterbenden Pferd' vor dem römischen Sitz der ↑*RAI*, Pericle Fazzini (geb. 1913) mit seinen Holzporträts, Andrea Cascella (geb. 1920) mit „Jupiter", Giò Pomodoro (geb. 1930) mit Objekten aus unterschiedlichen Materialien, u. a. ↑*Malerei*, ↑*Architektur* (des 20. Jh.).

birroteca. Modernes Bierlokal mit Straßenverkauf.

bitter↑amaro.

bitto↑Käse.

Blocco Nazionale Libertà ↑Costituente.

bocce *fpl.* Boccia; beliebtes Spiel mit 2 Holz- o. Metall-Kugeln pro Spieler; Gewinner ist, wer zuerst 25 Punkte hat. ↑*Sport*.

bocconcini. ‚Kleine Bissen, Häppchen'. ↑*Käse*.

Bomarzo, Parco dei Mostri di ~ . Der ‚Park der Ungeheuer' o. der ‚heilige Wald' *(Bosco Sacro)* wurde im 16. Jh. von der Familie Orsini in einer Tiber-Hügellandschaft bei Bomarzo (VT) angelegt mit zahlreichen Monster- o. Allegorie-Plastiken aus Granit.

bomba. Halbkugelförmige Eisbombe mit Biskuit.

BOT, *Buono Ordinario del Tesoro.* Normale Schatzanweisung.

Botanische Gärten u. Herbarien *(Orto Botanico, Erbario). Giardino Alpino* in Alpino bei Gignese (NO), gegr. 1940, mehr als 2000 Pflanzen. *Orto Botanico dell' Università di Torino,* gehört zu den größten seiner Art in Europa, mit Laboratorien u. Bibliothek. *Giardini Botanici di Villa Taranto di Verbania* (NO) mit mehr als 20000 Pflanzen, berühmt wegen ihrer Sammlung exotischer Pflanzen; Bibliothek. *Giardino Botanico Alpino* bei Viotte di Monte Bondone (TN), gegr. 1938, Sammlung von 2200 Alpenpflanzen in 1500 m Höhe. *Orto Botanico di Padova,* gegr. 1545 von Francesco Bonafede, der älteste botanische Garten Europas. *Giardini Botanici Hambury di Ventimiglia* (IM), weltberühmt, dienen zur Akklimatisierung exotischer Pflanzen in It.; erworben 1867 von Sir Thomas Hambury, gehören heute zur Universität Genova. *Museo Botanico di Firenze,* gegr. 1775 auf Wunsch von Leopold II. von Lorena, mehr als 4 Mio. Pflanzen aus aller Welt. *Orto Botanico dell' Università di Pisa,* gegr. 1543, älteste wissenschaftliche Institution dieser Art in It., seit 1982 mit kleinem didaktischen Museum. *Erbario dell'Uni-*

versità di Roma, gegr. 1872, mehr als 420000 Pflanzenexemplare, zählt zu den bedeutendsten in Europa. *Orto Botanico di Napoli,* gegr. 1872 im Park des Königsschlosses von Portici (NA), eigentlich ein *Orto Fitopatologico* zur Erforschung von Pflanzenkrankheiten. *Orto Botanico di Palermo,* reichhaltige Sammlung aus allen Teilen der Welt in günstiger klimatischer Lage. *Orto Botanico di Cagliari,* in dem kleinen Tal Palabanda, hauptsächlich tropische und heimische Pflanzen.

BR, *Brigate Rosse.* Die Roten Brigaden; strebten ab 1971 mit terroristischen Aktionen eine linke Revolution in It. an. (Führer: Renato Curcio, Alberto Franceschini, Mario Moretti); 1978 Entführung u. Ermordung des Präsidenten der DC (↑*Parteien*) Aldo Moro, als fast die gesamte BR-Führung inhaftiert war. Die Befreiung (1982) des von den BR entführten amerikanischen Nato-Generals James Lee Dozier durch die ↑*NOCS* u. die Verabschiedung eines Gesetzes zugunsten reumütiger Terroristen leiteten die letzte Phase des BR-Terrorismus in It. ein. Die ersten großen Prozesse gegen Führer u. Mitglieder terroristischer Organisationen (↑*Prima Linea,* ↑*NAR*) sind in den letzten Jahren geführt worden. Am Stichtag 30. November 1983 befanden sich 1740 von ihnen in Haft, darunter 647 Rote Brigadisten, 271 von *Prima Linea,* die übrigen von weiteren linken Gruppen wie *Azione Rivoluzionaria* (Revolutionäre Aktion) u. *Comitati Comunisti* (Kommunistische Komitees). ↑*Organisationen,* ↑*Sette Aprile.*

braciola. Gegrilltes Steak.

brandy. 1948 verzichtete It. in einem Abkommen mit Frankreich darauf, den Namen Cognac für den eigenen Branntwein weiterhin zu verwenden, mit Rahmengesetzen von 1949, 1950 u. 1951 wurde der Name ,b.' geschützt (nur für Branntweine, die nach der Charentais-Methode des Cognacs gewonnen u. ein Jahr lang gelagert worden sind). Führende it. Branntweine: *Brandy Branca Stravecchio, Bocchino V.S.P.O.* (*Very Superior Pale Old,* Lagerzeit 15–18 Jahre), *Cavallino Rosso, Florio V.S.P.O., René Briand, Vecchia Romagna Etichetta Oro* (aus der Romagna, dem historischen Zentrum der it. Branntweinproduktion).

bresaola ↑Schinken u. Wurst.

brioche *f.* Lockeres Hefegebäck zum Frühstück zu Hause oder in der ↑*bar.*

broletto. Mittelalterliche Bezeichnung für ,Nutzgarten', aber auch ,Rathaus', in Norditalien (z.B. Brescia u. Como) heute noch für historische Rathäuser.

bruschetta. Geröstete Brotscheiben mit Olivenöl, Salz, Knoblauch, manchmal auch mit frischen Tomaten (typ. für ↑*Lazio*).

brut ↑Wein.

BT, Buono del Tesoro. Schatzanweisung; ~ *Novennale, Poliennale, Quadriannale* (*BTN, BTP, BTQ*): neun-, mehr-, vierjährige Schatzanweisung.

BTO ↑BOT.

BU, Bollettino Ufficiale. Amtsbericht, -blatt.

bucatini ↑pasta.

BUR, Biblioteca Universale Rizzoli. Rizzoli Universalbibliothek, 1949 vom Verleger Rizzoli gegr., bis 1972 knapp 1000 Titel in preiswerter Ausgabe; seit 1974 *Nuova BUR*, Klassiker der Weltliteratur in Taschenbuchformat.

burrida. Fischsuppe nach Genueser o. Sardischer Art.

buvette *f.* ↑*bar* einer Behörde. Berühmt ist die b. des ↑*Palazzo Montecitorio*, Treffpunkt der Abgeordneten für informelle Kompromißgespräche (↑*transatlantico*).

C

cacciatori(ni) ↑Schinken u. Wurst.

cacciucco. Fischsuppe aus der Region um Livorno, mit Tomaten, Zwiebeln, scharfen Peperoni, Knoblauch u. Rotwein u. a. zubereitet.

caciocavallo ↑Käse.

caciotta ↑Käse.

caffè espresso o. **espresso** wird mit einer Espresso-Kaffeemaschine zubereitet, indem heißer Dampf durch den fein gemahlenen Kaffee gepreßt wird. (Früher trank man in It. *caffè alla napoletana*, Kaffee nach neapolitani-

scher Art, der in einer feuerfesten Kaffeekanne durch Aufkochen von Kaffee in gezuckertem Wasser zubereitet wurde). *Caffè lungo:* etwas mehr u. weniger stark; *caffè ristretto:* etwas weniger, dafür um so stärker; *caffè macchiato:* ‚befleckt‘ mit ein paar Tropfen Milch (Gegenteil: *latte macchiato*); *caffè corretto:* ‚verbessert‘ mit Alkohol, z.B. ↑*grappa*, ↑*brandy*, ↑*amaro*; *caffè al vino rosso:* mit Rotwein; *caffè freddo:* kalt aus dem Kühlschrank; *granita di caffè:* zu Eis-Granulat gefrorener caffè; ↑*cappuccino*.

caffellatte, auch *latte e caffè*. Milchkaffee, wie er in den meisten it. Familien zum Frühstück getrunken wird, dazu *biscotti* (Kekse) o. ↑*brioche* zum Tunken.

CAI, Club Alpino Italiano. It. Alpenverein, 1862 gegr.

Calabria (15' km², 2,1 Mio. E.) ist größtenteils Berg- u. Hügelland (*Gruppo del Pollino* 2287 m, *Sila* 1928 m, *Aspromonte* 1955 m) mit relativ wenig Niederschlägen, im Winter weht die kalte *Tramontana*, im Sommer u. Herbst der feuchtwarme *Scirocco*. Provinz- u. Regionshauptstadt ist Catanzaro, in den beiden anderen Provinzhauptstädten Cosenza u. Reggio C. befindet sich je eine neu gegründete Universität (1968 bzw. 1982).

Historisch bedeutsam ist die Landschaft zwischen ionischer Küste u. *Sila Piccola, Il Marchesato*, die – 1390 als ‚Grafschaft‘ konstituiert – nach blutigen Bauernkämpfen erst 1950 mit der ↑*riforma agraria* als Großgrundbesitz aufgehoben wurde.

Neben den traditionellen Produkten einer Südlandwirtschaft wie Hartweizen, ↑ *Gemüse,* Hülsenfrüchte, Feigen (↑ *Obst*) findet man in C. in der *Sila*-Ebene Kartoffelanbau, in der *Pre-Sila* Eßkastanien. In den Buchen- u. Kastanienwäldern werden im Juni u. September Pilze (v. a. Steinpilze) geerntet. Hügelland u. Küste sind seit jeher dem ↑ *Wein,* den Oliven (↑ *Olivenöl*) u. den ↑ *Zitrusfrüchten* (2. Stelle in der gesamten Landesproduktion) vorbehalten. Trotz des Verlustes von Weidefläche zugunsten eines 20jährigen Wiederaufforstungsprogramms in der *Pre-Sila* werden weiterhin die traditionellen ↑ *Käsesorten* hergestellt wie *butirro, provola, mozarella* (Import von Kuhmilch aus Nordeuropa) o. *pecorino* u. *ricotta* (eigene Produktion von Ziegen- u. Schafsmilch). Zunehmend stellen kleine Betriebe regionale Spezialitäten mit Oliven, Tomaten, Pilzen her.

Abgesehen von einem kleinen Zentrum bei Crotone (Hüttenwerk u. Chemie) findet man in C. kaum Industrie. Das typ. Handwerk, Weben von Wolle, Leinen u. Seide, wird nur noch in geringem Maße in Bergdörfern gepflegt. Der Sommertourismus nimmt deutlich zu. Das regionale Bruttosozialprodukt ist fast um die Hälfte niedriger als im nationalen Durchschnitt, die Arbeitslosigkeit ist überdurchschnittlich hoch.

In C. werden 3 it. Dialekte gesprochen: Die nördl. Mundart an der Grenze zur ↑ *Basilicata* gehört zum *Italiano Meridionale Intermedio* (↑ *Sprache u. Dialekte*), die anderen zum *Meridionale Estremo.* Neben der *provenzalischen* Sprachinsel von Guardia Piemontese (CS) als Rest einer größeren ↑ *Waldenser*kolonie gibt es zahlreiche kleine ↑ *Albaner*-Gemeinden: Caraffa, Carfizzi, Pallagorio, S. Nicola dell'Alto (CZ) u. Acquaformosa, Castroregio, Cerzeto, Falconara Albanese, Firmo Frascineto, Lungro, Plàtaci, S. Basile, S. Benedetto Ullano, S. Cosmo Alb., S. Demetrio Corone, Santa Sofia d'Epiro, Spezzano Alb., Vaccarizzo Alb. (CS). *Griechische* Gemeinden befinden sich in der Provinz Reggio C. um Condofuri u. Bova (↑ *Griechen*).

Zeitgenöss. Autoren aus u. über C.: C. Alvaro (1895–1955), S. Strati (geb. 1924). Nach dem Scheitern der Regionalzeitung „Giornale di C." gibt es nur noch C.-Beilagen in überregionalen ↑ *Zeitungen.* ↑ *Provinzkennzeichen,* ↑ *Regionen,* ↑ *Volksmusikinstrumente,* ↑ *Museen,* ↑ *Jazz,* ↑ *musica leggera,* ↑ *pasta,* ↑ *pesce spada,* ↑ *'ndràngheta,* ↑ *Naturschutzgebiete.*

calzone. Hose; eine Art gefüllte ↑ *pizza.*

Cambital, *Ufficio Italiano dei Cambi.* It. Wechselbüro, staatl. Institution zur Festlegung der Wechselkurse.

Camera dei deputati ↑ Parlament.

camorra. Die historische neapolitanische C. war ein kurzlebiger Geheimbund, dem direkte Verbindungen zum König von Napoli im Kampf gegen die Piemontesen (↑ *Risorgimento*) nachgesagt wurden. Ein *camorrista* war in der Ugs. (bis in die 60er Jahre) ein in einer Gruppe (*camorra*) organisierter, mit Prostitution, Zigarettenschmuggeln, Eintreiben von Schutzgeldern (*tangente*) u. Kontrolle der

Fisch- u. Landwirtschaftsmärkte befaßter Krimineller. Zum organisierten Verbrechen nach ↑*mafia*-Muster wurde die C. von u. um Napoli durch die Verlagerung eines Teils des Drogenhandels von den USA nach It. Anfang der 70er Jahre. Der Konkurrenzkampf führte zur Spaltung der C. in *Nuova Camorra Organizzata* (NCO, Neue Organisierte C.) u. *Nuova Famiglia* (Neue Familie) um die inhaftierten C.-Bosse Raffaele Cutolo u. Antonio Bardellino. ↑*'ndrángheta.*

Campania. Die C. ist zum großen Teil Hügel- u. Bergland (*Gruppo del Matese* 2050 m, der Vulkan *Vesuvio* bei Napoli) u. schließt auch die Inseln *Capri, Ischia* u. *Procida* ein. Mit 13 600 km² u. ca. 5,5 Mio. E. ist sie die dichtestbesiedelte it. Region mit überdurchschnittlicher Arbeitslosigkeit u. dem nach *Calabria* niedrigsten Bruttosozialprodukt It.s.

Typ. für das Klima sind der kalte Landwind *Tramontana*, der heftige *Libeccio* vom Meer u. der feuchtwarme *Scirocco*. Historische Bedeutung haben die Hügellandschaft *Irpinia* südöstl. von Benevento u. das gebirgige, heute noch kulturell eigenständige *Cilento* (von röm. *Cis Alentum* ‚diesseits des Alento‘) mit den Dialektvarianten *Irpino* u. *Cilentano*, die wie auch das *Napoletano* zum *Laziale Meridionale* gehören (↑*Sprache u. Dialekte*).

Die intensive Landwirtschaft (61 % der Gesamtfläche) erzeugt Aprikosen, Auberginen, grüne Bohnen, Blumenkohl, Eßkastanien, Feigen, Haselnüsse, Kartoffeln, Kirschen, Walnüsse, Paprika, Tomaten (1. Stelle in der nat.

Produktion), Endivien, ↑*lattuga*, Pfirsiche, Pflaumen, Zwiebeln (2. Stelle), Birnen, Erbsen, Melonen, ↑*Zitrusfrüchte* (↑*Gemüse*, ↑*Obst*). In den Ebenen der Flüsse Sele u. Volturno werden 85 % aller it. Büffel gezüchtet, aus deren Milch man die echte *mozarella* (↑*Käse*) herstellt. Typ. Fisch der Region ist der ↑*pesce azzurro*, bekannt sind auch die hier gefundenen Korallen u. Schwämme.

Hauptbereiche des Handwerks sind seit jeher die Keramikherstellung von Cava dei Tirreni (SA), die Porzellanmanufaktur von Capodimonte (NA) u. die Korallenverarbeitung in Torre del Greco (NA). Die Industrie (Chemie, Stahl, Raffinerien, Maschinenbau, Werften, Nahrungsmittel, Textilien, Schuhe) konzentriert sich in u. um die Millionenstadt Napoli, Regions- und Provinzhauptstadt u. Sitz von 4 Universitäten, darunter eine der ältesten It.s (1224). Hier erscheinen auch die regionalen ↑*Zeitungen* „Roma", „Napoli-Notte" sowie „Il Mattino", die außerdem auch in ↑*Abruzzi*, ↑*Molise*, ↑*Basilicata* u. ↑*Calabria*, die keine eigene Zeitung haben, verbreitet ist. Provinzhauptstädte sind außerdem Avellino, Benevento, Caserta u. Salerno (Universität seit 1967). Sommer- u. Kulturtourismus in C. sind nicht stark ausgeprägt.

Zeitgenöss. Autoren aus u. über C.: G. Marotta (1902–1963), E. da Filippo (1900–1984), C. Bernari (geb. 1909), A. Gatto (1909–1976), D. Rea (geb. 1921). ↑*Regionen*, ↑*Provinzkennzeichen*, ↑*Klöster*, ↑*Museen*, ↑*Camorra*, ↑*Theaterfestspiele*, ↑*Folklore-Veranstaltungen*, ↑*Jazz*, ↑*musica classica*, ↑*musica leggera*, ↑*pasta*, ↑*Olivenöl*.

campari *m.* Der berühmteste it. ↑*amaro.*

canestrato ↑Käse.

cannelloni ↑pasta.

cantanti ↑Musica Leggera.

cantastorie *m.* ‚Geschichten-Sänger‘, fahrender Volkssänger, der in Dialekt o. Volkssprache *(Italiano popolare)* auf Jahrmärkten o. Dorfplätzen von Ereignissen des Landes singt; dabei begleitet er sich auf ↑*Volksmusikinstrumenten* wie Ziehharmonika o. Maultrommel *(scacciapensieri).* Manchmal ist er auch fliegender Händler mit Bauchladen. Vertreter dieser Tradition heute: die Sizilianer Cicciu Busacca aus Paternò (CT) u. Orazio Strano aus Riposto (CT), im Norden Giuseppe u. Mirella Bargagli, Adriano Callegari, Lorenzo de Antiquis u. a.

cantina. ‚Keller‘; einfache Weinschenke (↑*enoteca*).

CAP, *Codice di Avviamento Postale.* Postleitzahl.

capellini ↑pasta.

capicolo ↑Schinken u. Wurst.

cappelletti o. tortellini ↑pasta.

cappuccino o. cappuccio. ↑*Caffè espresso* mit heißer Milch, die mit Dampf schaumig gemacht wird (manchmal mit geriebener Schokolade bestreut); der Name bezieht sich auf die braune Farbe der Kapuzinerkutte.

capricciosa. ‚launisch‘; z. B. ↑*pizza* mit verschiedenen Zutaten.

CAR, *Centro Addrestamento Reclute.* ‚Zentrum für die Ausbildung der Rekruten‘; eine dreimonatige Militärausbildung innerhalb der 12 Monate Militärdienst.

carbonara, alla ~ . Meist Spaghetti (↑*pasta*), die mit Dörrfleisch, Eiern, Pfeffer u. *pecorino* (↑Käse) zubereitet werden, typ. für Lazio.

CARIPLO, *Cassa di Risparmio delle Provincie Lombarde.* Sparkasse der lombardischen Provinzen; verlegt auch ausgewählte Kunstdrucke u. Kunstbände; Auslandsvertretung in Frankfurt.

carnevale. Das Revival des *C. di Venezia* seit Ende der 70er Jahre hat dazu geführt, daß in It. der Karneval wieder Mode geworden ist. Zentren des it. *C.* sind jedoch jene Orte geblieben, wo die Pflege der lokalen historischen Tradition des *C.* nie abgebrochen wurde, z.B.: Bergamo, Bagolino (BS), Ronciglione (VT), Viareggio (LU), Foiano della Chiana (AR), Ivrea (TO) Fano (PS), Acireale (CT), Mamoiada (NU) mit seinen Glockenmasken *Mamuthones* u. *Issachadores,* Ottana (NU) mit seinen Holzmasken *Boes* u. *Merdules.*

carosello. Beliebte ehemalige Fernsehwerbesendung vor den 20-Uhr-Nachrichten im *ReteUno,* nach der die Kinder ins Bett gehen sollten u. die Erwachsenen in Ruhe zu Abend essen konnten (↑*RAI-TV*).

carpaccio. Vorspeise – typ. für ↑*Piemonte* – aus rohen, hauchdünnen Rindslendenscheiben, die mit *parmigiano*-Scheiben, rohen Pilzen o. ↑*Trüffeln*, mit ↑*Olivenöl*, Salz u. Pfeffer abgeschmeckt werden.

carpione *m.* Fisch aus dem Lago di Garda, wird fritiert u. mit einer Soße aus Weinessig, Zwiebeln, Knoblauch u. ↑*aromi* zubereitet.

Carta Automobilistica d'Italia ↑*TCI*.

carta bollata. ,gestempeltes Papier'; Amtspapier für Anträge bei Behörden o. für amtliche Bescheinigungen (↑*sale e tabacchi*). *Carta semplice*: ungestempeltes Papier.

carta telefonica ↑gettone.

cartoccio, al ~ . Speisen, die in Aluminiumfolie zubereitet werden.

Casa natale. Geburtshaus (↑*Museen*).

CASMEZ, *Cassa per il Mezzogiorno*. Die Kasse für den ↑*Mezzogiorno* war als staatliche Institution 1950–1983 von der Zentralregierung zur Planung u. Finanzierung der Industrieentwicklung in Süditalien beauftragt worden. Ihre Nachfolgeorganisation, der *Fondo Nazionale per lo Sviluppo del Mezzogiorno* (Nationalfonds zur Entwicklung des Mezzogiorno) wird bis 1993 120000 Mrd. ↑*Lire* als Restkapital der *Cassa* investieren müssen.

cassa integrazione guadagni. Staatl. Kasse für die Auszahlung von Verdienstausgleich bei Kurzarbeit u. bei Arbeitslosigkeit; der ↑*INPS* angeschlossen.

cassata. 1. Creme o. Schokoladeneis mit Zitronat; 2. typ. sizilianischer Kuchen aus Biskuit mit *ricotta*-Füllung (↑*Käse*) u. Zitronat.

Castelgandolfo ↑*Vaticano*.

cattedrali nel deserto. ,Kathedralen in der Wüste', jene nicht integrierten, umweltpolitisch u. volkswirtschaftl. umstrittenen staatseigenen Industrieanlagen, mit denen das *Ministero delle* ↑*Partecipazioni Statali* die Industrieentwicklung in Süditalien (z. B. ↑*Puglia*) u. auf den Inseln (↑*Sardegna*) in den 60er Jahren fördern wollte.

cavatielli ↑*pasta*.

CC, *Carabinieri*. Sondereinheit des ↑*EI* für die öffentliche Ordnung, auch als Militärpolizei tätig.

CC, *Codice Civile*. Bürgerliches Gesetzbuch.

CC, *Comitato Centrale*. Zentralkomitee des PCI, des PSI, des PSDI, des MSI (↑*Parteien*).

CC, *Corpo Consolare*. Konsularisches Korps.

CC ↑Corte Costituzionale.

CC ↑Corte dei Conti.

CC, *Corte di Cassazione*. Kassationshof.

CCC, *Centro Cinematografico Cat-*

tolico. Katholisches Filmzentrum, eine Institution der katholischen Kirche, die eine kritische, beratende Funktion im Bereich des ↑*Films* ausübt.

CCC, *Commissione Centrale di Controllo.* Zentraler Kontrollausschuß innerhalb des PCI (↑*Parteien*).

CdA, *Corte d'Appello.* Berufungsgericht.

CdA, *Corte d'Assise.* Schwurgericht.

CdF, *Consiglio di Fabbrica.* Betriebsrat.

CE, *Comitato Esecutivo.* Exekutivausschuß innerhalb der ↑*Parteien* PSI u. PLI.

CE, *Consiglio d'Europa.* Europarat.

CECA, *Comunità Europea del Carbone e dell'Acciaio.* Europäische Gemeinschaft für Kohle und Stahl, Montanunion (1951).

CEE, *Comunità Economica Europea.* Europäische Wirtschaftsgemeinschaft (EWG) auf Grund der Römischen Verträge von 1957.

CEEA, *Comunità Europea dell'Energia Atomica* ↑*EURATOM.*

CEI, *Conferenza Episcopale Italiana.* It. Bischofskonferenz (↑*Religion*).

CENSIS, *Centro Studi Investimenti Sociali.* Das Studienzentrum für soziale Investitionen steht der DC (↑*Parteien*) nahe, verfaßt seit 1966 unter der

Schirmherrschaft des ↑*CNEL* Jahresberichte über die soziale u. wirtschaftliche Entwicklung des Landes. (↑*CESPE*).

centralismo democratico. Demokratischer Zentralismus, Hauptmerkmal der inneren Struktur des *Comitato Centrale* (↑*CC*) des PCI (↑*Parteien*), wonach die Beschlüsse des CC mehrheitlich gefaßt werden müssen, d. h., daß keine Bildung von Mehrheit u. Minderheit innerhalb der Partei zugelassen ist.

centrismo. Zentrismus war die Koalitionspolitik der DC in den 50er Jahren zur Bildung von Minderheits- o. Koalitionsregierungen mit Unterstützung der kleinen ↑*Parteien* des Zentrums wie PRI, PSDI u. PLI.

centro di salute mentale ↑psichiatria democratica.

centro sinistra ↑apertura a sinistra.

Cervia volante. Welttreffen der Drachenflieger in der letzten Juniwoche in Cervia (RA).

CESPE, *Centro Studi di Politica Economica.* Forschungszentrum für Wirtschaftspolitik mit Sitz in Roma, gehört zum *PCI* (↑*Parteien*).

CGIL, *Confederazione Generale Italiana del Lavoro.* Der ‚Allgemeine it. Gewerkschaftsbund' wurde 1943 auf Betreiben von Gewerkschaftsführern der DC, PCI u. PSI (↑*Parteien*) als einheitliche Organisation der it. Arbeiter wiederaufgebaut. Nach der Abspaltung des DC-orientierten Flügels

1948 (↑*CISL*) entwickelte sich die CGIL als politischer Gewerkschaftsverband unter dem vorherrschenden Einfluß des PCI. Intern gliedert sie sich in zahlreiche Bereichsverbände, z. B. *FIOM-Metallmeccanici* für die Metaller, *Poligrafici* für die Drucker o. *Sindacato Scuola* für die Schule. Führer: Giuseppe Di Vittorio (1892–1957, Vors. der Weltorganisation der Gewerkschaften 1949), Luciano Lama (geb. 1921) u. z. Z. Antonio Pizzinato (geb. 1932). ↑*Gewerkschaften u. Verbände.*

chiacchiere *fpl.* ‚Geschwätz‘; hauchdünner Blätterteig aus Mehl, Eiweiß u. Zucker, der in Öl knusprig fritiert wird.

Chianti Classico. Einer der berühmtesten it. Rotweine (↑*Toscana*). 1984, als der C.C. zum ersten Mal in seiner Geschichte die Bez. *DOCG* (↑*Wein*) führen durfte, zählte sein Anbaugebiet 718 km², 5902 ha nur für *DOCG*, 510 ha als *DOCG*-Mischgebiet, 8074 ha nur für *DOC*, 4640 ha als *DOC*-Mischgebiet. Im Weinregister des C.C. waren 1124 Weinberge als *DOC*, 824 als *DOCG* eingetragen. Im selben Jahr wurden 284015 hl C.C. produziert, 35 % weniger als 1983. In der Region ↑*Toscana* wurden 1983 ca. 4692800 hl Wein produziert, ein Bruchteil der gesamten Landesproduktion (82380000 hl).

cicciolo. Geröstete Reste von Schweineschwarten.

CIF, *Centro Italiano Femminile.* Das Italienische Frauenzentrum wurde als Abspaltung von der ↑*UDI* 1946 unter der Leitung der DC (↑*Parteien*) gegründet.

CIGA, *Compagnia Italiana dei Grandi Alberghi.* Finanzgesellschaft zur Führung der großen Hotels It.s.

CIIS, *Comitato Interparlamentare per Informazione e Sicurezza.* Das Interparlamentarische Komitee für Nachrichten u. Sicherheit übt gemeinsam mit dem Innenminister die parlamentarische Kontrollfunktion über die Nachrichten- u. Sicherheitsdienste aus.

ciligie ↑Käse.

Cinecittà ↑Film.

Cinquecento ↑Literatur.

CIP, *Comitato Interministeriale dei Prezzi.* Interministerielles Komitee für Preisentwicklung, 1944 gebildet mit der Aufgabe, die Preisentwicklung unter Kontrolle zu halten u. zu steuern. Es wird von den Finanz- u. Wirtschaftsministerien gebildet u. ist dem Ministerpräsidenten unterstellt.

CIPE, *Comitato Interministeriale per la Programmazione Economica.* Interministerielles Komitee für die Wirtschaftsplanung, 1965 auf Verlangen von Republikanern u. Sozialisten des ↑*centro sinistra* gegründet.

CIPU, *Consiglio Internazionale per la Protezione degli Uccelli. ICBP of Italy,* gegr. 1960 mit Sitz in Parma, setzt sich aus führenden Organisationen zusammen, die in der Vogelforschung

o. für den Schutz besonders bedrohter Vogelarten tätig sind.

CIR, *Comitato Interministeriale per la* ↑ *Ricostruzione.* Interministerielles Komitee für den Wiederaufbau, 1945 als Koordinationsorgan unter der Leitung der Wirtschafts- u. Finanzministerien für die Wirtschaftsentwicklung des Landes in der Nachkriegszeit gebildet.

CISA ↑ *Organisationen.*

CISL, *Confederazione Italiana Sindacati Lavoratori.* Der ‚Verband der it. Arbeitergewerkschaften', 1948 aus der Abspaltung von der ↑ *CGIL* hervorgegangen, steht unter dem Einfluß der DC (↑ *Parteien*). Infolge der Arbeitskämpfe der 70er Jahre hat sich ein starker linker Flügel gebildet. Intern untergliedert sie sich in zahlreiche Verbände aus den Bereichen Industrie, Landwirtschaft, öffentlicher Dienst u. Dienstleistungen. Führer: Achille Grandi (1883–1946), Pierre Carniti (geb. 1927) u. z. Z. Franco Marini (geb. 1933). ↑ *Gewerkschaften u. Verbände.*

CISNAL, *Confederazione Italiana Sindacati Nazionali dei Lavoratori.* It. Dachverband autonomer Arbeitergewerkschaften, Nachfolgeorganisation der Gewerkschaften des ↑ *fascismo.*

CIT, *Compagnia Italiana Turismo.* It. Gesellschaft für Fremdenverkehr, 1927 als staatl. Institution zur Förderung des ↑ *Tourismus* gegr., heute mit eigenen Reisebüros in allen großen Städten It.s vertreten.

città degli studi. ‚Studienstadt', Synonym für Universität.

città giudiziaria. ‚Justizstadt', ein Gebäudekomplex mit allen Justizbehörden einer Stadt.

città mercato. ‚Marktstadt', Einkaufszentrum am Rande der Stadt.

CL, *Comunione e Liberazione.* ‚Kommunion und Befreiung' (↑ *Organisationen,* ↑ *Integralismo*).

classe politica. Der Begriff ‚politische Klasse' wird von den it. Medien verwendet, um die Politiker als eine neuartige, eigenständig handelnde gesellschaftliche Klasse (ohne Parteizwang) zu definieren.

clientelismo o. **clientela.** ‚Klientelismus' bzw. ‚Klientel'; Politik der Koalitionsparteien zur Rekrutierung von Stimmen durch konkrete Gegenleistungen (z. B. Beschaffung von Arbeitsplätzen in örtl. u. staatl. Verwaltungen o. von vorteilhafter finanzieller Unterstützung innerhalb von Entwicklungsplänen der nationalen o. regionalen Gremien).

CLN, *Comitato di Liberazione Nazionale.* Nationales Befreiungskomitee, 1943 in Roma als Koordinationszentrum der ↑ *resistenza* gegr., übte vorübergehend in Süd- u. Mittelitalien Regierungsfunktion aus.

CLNAI, *CLN dell'Alta Italia.* Nationales Befreiungskomitee im Oberen Italien, war getrennt vom *CLN* gebildet worden, weil im Norden die ↑ *resi-*

stenza bis zum 25. April 1945 dauerte.

Club di Roma, Il ~ . Gegr. 1968 von Aurelio Peccei (↑ *Organisationen*), Sekretariat in Roma. *The Club of Rome* sieht seine Aufgaben in der kulturellen u. politischen Aufklärungsarbeit über alle Grenzen hinweg.

CNEL, *Consiglio Nazionale dell'Economia e del Lavoro.* Der ‚Nationalrat für Wirtschaft u. Arbeit', 1957 gegr., übt in Wirtschafts- u. Arbeitsfragen eine beratende Funktion für die Legislative aus. Er setzt sich aus 79 Vertretern der verschiedenen Produktionsbereiche u. aus dem Ratspräsidenten zusammen. ↑ *CENSIS.*

CNEN ↑ *energia nucleare.*

CNR, *Consiglio Nazionale per le Ricerche.* Nationalrat für Forschung, staatl. Organ mit beratender Funktion u. Forschungsauftrag, 1923 gegr., Sitz in Roma. Der *CNR* besteht aus 11 Beratungs- u. 11 Forschungskomitees.

Cobas, *comitati di base.* ‚Basiskomitees' im Dienstleistungsbereich, die gegen die Lohnpolitik der offiziellen ↑ *Gewerkschaften* CGIL, CISL, UIL für höhere finanzielle Förderungen in wilde Streiks treten.

COIN ↑ *UPIM.*

Coldiretti, *Federazione dei Coltivatori Diretti.* Der ‚Verband der Landwirte' vertritt die Interessen der Landwirte u. wird von DC-orientierten (↑ *Parteien*) Gewerkschaftern geführt.

colf *f. collaboratrice familiare.* Haushaltshilfe.

colomba. Kuchen in Form einer Taube, der mit den gleichen Zutaten wie ↑ *panettone* hergestellt u. zu Ostern gern geschenkt wird.

Colombina ↑ Commedia dell'Arte.

comitati civici ↑ integralismo.

comitati comunisti. Kommunistische Komitees (↑ *BR*).

comitati democratici ↑ Organisationen.

Commedia dell'Arte. In der zweiten Hälfte des 16. Jh. entwickelte Form des Bühnenstücks, deren Hauptpersonen mit klaren Charakterzügen festgelegt waren: der schlaue u. immer hungrige Diener *Arlecchino,* das listige, gesprächige Dienstmädchen *Colombina,* der ältere, reiche, geizige u. gerne verliebte *Pantalone,* der alte, komische Gelehrte *Dottore.* Die Textvorlagen waren nur in groben Zügen u. oft vom *capocomico* selbst (Hauptdarsteller u. Ensembleleiter) ausgearbeitet, daher ihr Name *canovaccio* (Stegreif). Fast hundert Jahre später gelang es Carlo Goldoni, mit seinen Komödien wie „Arlecchino servo di due padroni" (Diener zweier Herren), „Barruffe chiozzote" (Viel Lärm in Chiozza), „Mirandolina" (Mirandolina), „La bottega del caffè" (Das Kaffeehaus) u. a. in der Tradition der C. Weltliteratur zu schaffen.

commissario del governo ↑ autonomie locali.

compromesso storico. Der ‚Historische Kompromiß' wurde 1973 vom damaligen Sekretär des PCI (↑*Parteien*), Enrico Berlinguer, als ein Regierungsbündnis der linken u. demokratischen Kräfte zusammen mit der DC gegen mögliche Versuche eines Staatsstreiches von rechts initiiert. Nach der kurzlebigen u. enttäuschenden Erfahrung mit dem III. u. IV. Kabinett des Christdemokraten Giulio Andreotti (1976–1979) wurde anstelle des C. die ↑*alternativa di sinistra* angestrebt.

Confagricoltura, *Confederazione Generale dell'Agricoltura.* Der Dachverband der landwirtschaftl. Unternehmer wurde 1944 als deren Interessenvertretung nach dem Vorbild der ↑*Confindustria* gegründet.

Confartigianato, *Confederazione dell'Artigianato.* Dachverband u. Interessenvertretung des Handwerks. [Genau so wie die Confcommercio, (Confederazione del Commercio Dachverband des Handels) sich als Interessenvertretung der Händler versteht.]

Confcommercio, *Confederazione del Commercio.* Dachverband u. Interessenvertretung des Handels.

Confindustria, *Confederazione Generale dell'Industria Italiana.* Der Dachverband der it. Arbeitgeber, 1919 gegr., Hauptsitz in Roma, vertritt (1976) ca. 200 Arbeitgeberorganisationen u. ca. 8600 einzelne Industrieunternehmer. Wichtige Vorsitzende: der Reeder Angelo Costa (1945–1955 u. 1966–1970); Giovanni Agnelli, Vorsitzender der ↑*FIAT-SpA*

(1974–1976); der ehemalige Präsident der it. Notenbank (*Banca d'Italia*) Guido Carli (1976–1980).

CONI, *Comitato Olimpico Nazionale Italiano.* Das Olympische Nationalkomitee Italiens wurde 1914 gegründet u. übt heute eine Koordinationsfunktion für die it. Sportverbände (↑*Sport*) aus.

consiglio *(comunale/provinciale/regionale)* ↑autonomie locali.

Consiglio di Stato. Der Staatsrat steht der ↑*Regierung* u. dem ↑*Präsident der Republik* in Fragen der Gerichtsbarkeit beratend bei u. löst Konfliktfragen zwischen Bürgern u. Staat.

Consiglio Superiore della Magistratura. Der ‚Oberste Rat des Richterstandes' vertritt die Unabhängigkeit des Richters gegenüber der Legislative u. der Exekutive.

CONSOB, *Commissione per il Controllo della Società e della Borsa.* Der Kontrollausschuß für Aktiengesellschaften u. Börse wurde nach Beschluß des Parlaments im Jahr 1974 gebildet.

consorzio. Genossenschaft. Einige c. wie *consorzio agrario*, Landwirtschaftliche Genossenschaft, o. *consorzio di bonifica*, Meliorationsgenossenschaft, sind staatlich o. staatlich unterstützt, andere dagegen werden auf privater Basis mit dem konkreten Ziel gegründet, ein typisches Produkt zu schützen, z. B. *Consorzio del Bergamotto di Reggio Calabria* (↑*Zitrusfrüchte*), *Consorzio Gallo Nero del*

Chianti (↑*Wein*), *Consorzio del Prosciutto Veneto Berico Euganeo* (↑*Schinken und Wurst*) o. *Consorzio del Parmigiano Reggiano* (↑*Käse*).

COOP, *Cooperazione di Consumo.* ‚Konsumgenossenschaft', eine Supermarktkette für Lebensmittel u. Haushaltswaren.

coppa ↑Schinken u. Wurst.

corrente *f.* ‚Strömung'; starke Fraktionen innerhalb einer ↑*Partei*, oft mit Führer, Sitz u. Presseorgan sowie mit einer genau definierten Interessenvertretung in der Partei, die zur Einführung eines Proporzsystems bei der Besetzung von Ämtern in Partei, Regierung u. staatl. Organen u. Verwaltungen geführt haben.

Corte dei Conti *f.* Rechnungshof; oberste Kontrollinstanz der Republik über die Tätigkeit der Exekutive u. die Wirtschaftsführung der Regierung.

Costituente *f,* **Assemblea** *~.* Die Verfassunggebende Versammlung wurde am 2. Juni 1946 mit folgendem Ergebnis gewählt: DC 35,2 % (207 Sitze), PSI 20,7 % (115), PCI 19 % (104), UDN bzw. Wahlbündnis der Liberalen u. Monarchisten 6,85 % (41) *Fronte* ↑*Uomo Qualunque* 5,3 % (30), PRI 4,4 % (23), *Blocco Nazionale Libertà* 2,8 % (16), PSd'A 1,5 % (7), Sonstige 4,5 % (13) (↑*Parteien*). Zum ersten Mal in der Geschichte It.s durften Frauen wählen. Die C. begann ihre Arbeit am 25. Juni 1946 u. löste sich am 31. Mai 1948 auf. ↑*Costituzione.*

Costituzione *f.* Die it. Verfassung wurde von der ↑*Costituente* am 27. Dezember 1947 verabschiedet u. trat am 1. Januar 1948 in Kraft. Sie setzt sich aus 139 Artikeln u. 18 Übergangsbestimmungen zusammen, die folgendermaßen gegliedert sind: a) Grundprinzipien (Art. 1–12); b) Rechte u. Pflichten der Staatsbürger (Art. 13–54); c) Der Aufbau der Republik (Art. 55–139).

cotechino ↑Schinken u. Wurst.

CP, *Capitaneria di Porto.* Hafenamt.

CP, *Cartolina Postale.* Postkarte.

CP, *Casella Postale.* Postfach.

CP, *Codice Penale.* Strafgesetzbuch.

CP, *Consiglio Provinciale* ↑*autonomie locali.*

crepuscolare bedeutet wörtl. dämmerig u. wurde i. S. v. dekadent zum ersten Mal 1910 von dem Literaturkritiker Giuseppe Antonio Borgese (1882–1952) für eine Gruppe von jungen Lyrikern um die Jahrhundertwende verwendet, darunter Guido Gozzano, Marino Moretti, Guido Govoni u. Aldo Palazzeschi, die sich ohne besondere kritische Einstellung auf Giovanni Pascoli u. Gabriele d'Annunzio bezogen u. damit nach Borgese für die it. ↑*Literatur* die Ankunft des *crepuscolo* (Dämmerung) vor der Nacht ankündigten.

crespella. Mit Fleisch o. Gemüse u. Käse gefüllter Pfannkuchen.

cretinetti. Der naive Idealist aus der Stummfilmzeit, so wie er von dem französischen Komiker André Deed dargestellt wurde. Heute wird das Wort weiter in derselben Bedeutung gebraucht.

CRI, *Croce Rossa Italiana.* Italienisches Rotes Kreuz, gegr. 1864 in Milano.

crostini o. **crostoni** *mpl.* Getoastete o. in Butter gebratene Scheiben Bauern- o. Kastenbrot, die auf verschiedene Arten zubereitet werden.

CSM ↑ Consiglio Superiore della Magistratura.

CSN, *Consiglio Sanitario Nazionale.* Nationalrat für Gesundheitswesen bei dem entsprechenden ↑ *Ministerium.*

CUN, *Consiglio Universitario Nazionale.* Der Nationalrat für die Universitäten hat seinen Sitz in Roma, übt beratende Funktion beim ↑ *Ministerium* für öffentlichen Unterricht aus u. ist höchstes Organ der Selbstverwaltung der Universitäten.

cynar *m.* ↑ *amaro* aus Blättern u. Stengeln von Artischocken, mit 16 % Alkohol.

D

DC, *Democrazia Cristiana* ↑ Parteien.

DCG, *Decreto del Capo del Governo.* Dekret des Ministerpräsidenten, dem aufgrund der Verfassung (↑ *Costituzione*) die Möglichkeit gegeben ist, Gesetze per Dekret in Kraft treten zu lassen. Sie müssen jedoch dann innerhalb von 90 Tagen vom ↑ *Parlament* als Gesetz verabschiedet werden, sonst muß das Dekret zurückgenommen werden. ↑ *DPC.*

DCS, *Decreto del Capo dello Stato.* Dekret des Staatsoberhauptes, dem aufgrund der Verfassung (↑ *Costituzione*) die Möglichkeit gegeben ist, in bestimmten Bereichen Dekrete zu erlassen. ↑ *DPR.*

DD, *direttissimo.* Schnellzug.

DDL, *Disegno di Legge.* Gesetzentwurf, der dem Parlament von den zuständigen Ausschüssen zur Verabschiedung vorgelegt wird.

dente, al ~ . Der Kenner kann unterscheiden, ob die ↑ *pasta al dente* gekocht ist o. nicht, denn der „Widerstand beim Beißen zwischen Zähnen und Gaumen" ist 1986 von der ISO (Internationale Organisation für Standardisierung, Genf) weltweit einheitlich bestimmt worden. Die *pasta* muß nach Vorschrift zubereitet, dem Munde zugeführt u. „mit allen Zähnen zerkaut werden". Die Note eins erhalten sehr zarte, die Note neun sehr widerstandsfähige Nudeln.

Design. *Gruppo l'Azucena,* 1949 von den Architekten Luigi Caccia Dominioni, Ignazio Gardella u. Vico Magistretti als Studio u. Werkstatt gegründet, um Möbel u. Objekte mit künstlerischen Ansprüchen zu entwerfen u. herzustellen, gilt als Gründungsstätte des it. D., das längst weite Bereiche der Industrieproduktion erobert hat:

Autos von Giovanni Battista Pininfarina u. Giorgetto Giuggiaro, ↑*Altamoda* von Giorgio Armani, Rundfunkgeräte u. Lampen, Möbel u. Geschirr von den Gebrüdern Achille u. Pier Giacomo Castiglioni, Fliesen von Valentino u. Krizia, Kassen von Afra u. Tobia Scarpa für die Benetton-Boutiques, Büro-Möbel der Olivetti-Gruppe von Ettore Sottsass, Musikinstrumente von Bruno Munari sowie Lederwaren von Fendi u. Gucci.

Destra storica. ‚Historische Rechte', Begriff der späteren Geschichtsschreibung für die liberale Partei um Ministerpräsident Camillo Cavour (1810–1861) im Toriner Parlament ab 1848. Nach dem Tod Cavours übernahm die D. die Führung des ersten it. Parlaments, bis sie 1876 von der ↑*Sinistra storica* abgelöst wurde.

Dialekte ↑Sprache u. Dialekte.

diavola, alla ~ . ‚Teufelsart', Bez. für Fleischgerichte, die sehr scharf zubereitet werden.

DIGOS, *Divisioni Investigazioni Generali e Operazioni Speciali.* Nachrichtendienstabteilung für allgemeine Untersuchungen u. besondere Einsätze der Staatspolizei (↑*Polizia di Stato*).

ditali ↑pasta.

DL, *Decreto Legge.* Verordnung mit Gesetzeskraft (↑*DCG, DCS*).

DLCP, *Decreto Legislativo del Capo Provvisorio dello Stato.* Dekret des einstweiligen Staatsoberhauptes in der Zeit zwischen 1946–1948, Enrico De Nicola (↑*Präsident der Republik*).

DOC, DOCG, DOS ↑Wein.

Dolce Stil Novo ↑Literatur, ↑Stil Novo.

DOXA. Institut für Datenerhebung u. Erforschung der öffentlichen Meinung, gegr. 1946 mit Sitz in Milano; führt im Auftrag Dritter Datenerhebungen u. Forschungsarbeiten aus.

DP, *Democrazia Proletaria* ↑Parteien.

DPC, *Decreto del Presidente del Consiglio.* Dekret des Präsidenten des Ministerrates (↑*DCG*).

DPR, *Decreto del Presidente della Repubblica.* Dekret des Präsidenten der Republik (↑*DCS*).

DT, *Direttore Tecnico.* Trainer einer Sportmannschaft.

Duce. ‚Führer'; offizielle Anrede von Benito Mussolini als Führer des ↑*fascismo*.

Duecento ↑*Literatur.*

E

ECAP, *Ente Confederale Addestramento Professionale.* Verband für berufliche Ausbildung der ↑*CGIL* (↑*Gewerkschaften u. Verbände*).

EI, *Esercito Italiano.* Die italienischen Streitkräfte; Infanterie, Marine u. Luftwaffe. ↑*CAR.*

EIAR ↑RAI-TV.

eliche ↑pasta.

Emilia-Romagna. Die E.-R. (ca. 22000 km², knapp 4 Mio. E.) besteht zur einen Hälfte aus Berg- u. Hügelland (*Monte Maggiorasca* 1799 m, *Monte Cimone* 2165 m), zur anderen aus fruchtbaren Flußebenen (Po, Panaro, Secchia, Taro, Reno) mit häufiger Nebelbildung in den Wintermonaten u. meist nur leichtem Wind (*Corina*); selten weht der *Garbino* vom Land zur Küste o. die kalte *Bora* aus der Karstlandschaft im NO.

Daß die *Romagna* – zwischen *Appennino* u. Adria gelegen – sich mit ihren historischen u. kulturellen Zentren Ravenna, Forlì, Imola u. Faenza seit jeher als Einheit verstanden hat, führte nach der Verfassung von 1947 zum Doppelnamen der Region. Eine einheitliche, sumpfartige Natur- u. Erholungslandschaft mit Jagd u. Fischerei sind die *Valli di Comacchio* im südlichen Po-Delta (Provinz Ferrara), deren Ausdehnung infolge eines 1951–1971 durchgeführten Sanierungsprogramms allerdings stark reduziert wurde.

Ihren Wohlstand mit geringer Arbeitslosigkeit u. überdurchschnittlich hohem Bruttosozialprodukt verdankt die Region dem enormen Sommertourismus (berühmte Badeorte: Cervia, Bellaria, Rimini, Riccione, Cattolica) und der intensiven Landwirtschaft (62% der Gesamtfläche) mit fast durchgängigem Genossenschaftssystem (↑*consorzio*): Die E.-R. ist führend in der nat. Produktion von Birnen, Erdbeeren, Pfirsichen, Pflaumen, Zuckerrüben, Spargel, Weizen,

Zwiebeln sowie bei Schweinezucht u. Fischfang; 2. Stelle bei Äpfeln, Aprikosen, Erbsen, Melonen, Kirschen, Gerste, Tomaten (↑*Gemüse*, ↑*Obst*).

Großindustrie (Petrochemie) ist bei Ravenna angesiedelt; mittlere u. kleine Unternehmen produzieren Autos (Ferrari, Maserati, Lamborghini), Motorräder (Morini, Ducati), landwirtschaftl. Maschinen, Nahrungsmittel, Textilien (auch Leder), feinmechan. u. opt. Geräte. Hauptbereiche des Kunsthandwerks sind nach wie vor die Keramik von Faenza (RA), die Mosaiken von Ravenna, der Hanfdruck von Gambettola (FO), außerdem Teppiche, Silber- u. Kunstschmiedearbeiten.

Regions- u. Provinzhauptstadt u. Sitz der ältesten it. Universität (1088 gegr.) ist Bologna; hier erscheint die auch in den angrenzenden ↑*Regionen* verbreitete Tageszeitung „Il Resto del Carlino". Die übrigen Provinzhauptstädte sind Ferrara, Parma („Gazzetta di Parma"), Mòdena (Universitäten seit 1391, 1512 bzw. 1175), Forlì, Piacenza (Zeitung für die Provinz ist „Libertà"), Reggio Emilia („Gazzetta di Reggio").

Die Dialekte der E.-R. gehören zum System *Gallo-Italico* (↑*Sprache u. Dialekte*) u. werden in vier Varianten innerhalb der Region u. drei Varianten in den Grenzgebieten gesprochen.

Zeitgenöss. Autoren aus u. über E.-R.: A. Bertolucci (geb. 1911), G. Bassani (geb. 1916), A. Bevilacqua (geb. 1934), R. Bacchelli (geb. 1891), C. Zavattini (geb. 1902), T. Guerra (geb. 1920). ↑*Provinzkennzeichen*, ↑*musica leggera*, ↑*Museen*, ↑*Klöster*, ↑*Cervia volante*, ↑*Parteien*, ↑*Käse*,

↑*passatelli,* ↑*pasta,* ↑*brandy,* ↑*farinata,* ↑*Schinken u. Wurst.*

ENAIP, *Ente Nazionale ACLI per l'Istruzione Professionale.* Nationales Amt für die Berufsausbildung der *ACLI* (↑*Organisationen*).

ENAL, *Ente Nazionale Assistenza Lavoratori.* Nationaler Verband für Arbeiterwohlfahrt, 1945–1980.

ENEA ↑energia nucleare.

ENEL, *Ente Nazionale per l'Energia Elettrica.* Nationales Amt für Stromversorgung, 1962 infolge der vom *centro sinistra* (↑*apertura a sinistra*) geforderten Verstaatlichung privater Elektrizitätsgesellschaften gegründet u. dem Ministerium für Industrie angeschlossen (↑*energia nucleare*).

energia nucleare (Atomenergie) u. **Energieversorgung.** Zuständig für die Atomenergie ist der *ENEA* (*Comitato nazionale per la ricerca e lo sviluppo dell'Energia Nucleare e delle Energie Alternative,* Nationalkomitee zur Erforschung u. Entwicklung der Atomenergie u. der alternativen Energien) mit Sitz in Frascati (Roma), der den 1960 gegr. *CNEN* (*Comitato Nazionale per l'Energia Nucleare,* Nationalkomitee für Atomenergie) aufgrund eines Gesetzes aus dem Jahr 1971 ablöste. Gesamte Energieproduktion (184444 Mill. kWh 1983): 44080 Mill. kWh aus Wasserkraftwerken, 130823 Mill. kWh aus Thermokraftwerken, 6804 Mill. kWh aus den o. g. zwei Atomkraftwerken, 2737 Mill. kWh aus einigen geothermischen Kraftwerken in der Toscana.

Infolge des ↑*Referendums* vom Nov. 1987 verzichtet It. seit April 1988 auf Atomenergie. Z. Z. des Referendums befanden sich in It. 2 Atomkraftwerke in Betrieb: Caorso (PC) (5887 Mill. kWh, 1983) u. Latina (917 Mill. kWh, 1983), die nun zu Forschungszwecken benutzt werden.

ENI, *Ente Nazionale Idrocarburi.* Nationalamt zur Förderung von Erdöl u. Erdgas, 1953 gegr.

ENIT, *Ente Nazionale Italiano per il Turismo.* Das staatl. it. Fremdenverkehrsamt, 1919 gegr. zur Förderung des Tourismus; Hauptsitz ist Rom mit Nebenstellen in ganz It. sowie in wichtigen Städten im Ausland, z. B. Düsseldorf, Frankfurt u. München für die Bundesrepublik.

enoteca. Weingeschäft, auch mit Ausschank (↑*cantina*).

ENPAS, *Ente Nazionale di Previdenza ed Assistenza per i Dipendenti Statali.* Nationales Vorsorge- u. Unterstützungsamt für Staatsbedienstete (1942–1980), nach der Einführung des *Servizio Sanitario Nazionale* (↑*SSN*) aufgelöst.

ERI, *Edizione RAI.* Edition-RAI, Hausverlag des ↑*RAI-TV.*

Ermetismo. ,Hermetismus'; lyrische Richtung der it. ↑*Literatur* in der ersten Hälfte des 20. Jh. mit ausgeprägter Klanglichkeit u. Knappheit des Wortes.

Estate italiana. Mit ,Italienischer Sommer' werden alle kulturellen Veranstaltungen bezeichnet, die zwischen Juni u. September von kleinen Gemeinden u. Städten, von politischen, kulturellen u. Freizeitinstitutionen organisiert werden: neben internationalen Filmfestivals (↑Film), Musikfestspielen (↑musica classica, ↑musica leggera), ↑Theaterfestspielen, auch nationale ↑Parteienfestivals und örtliche ↑Jahrmärkte und Verkaufsausstellungen sowie historische ↑Festspiele, ↑Folklore und Kulturwochen, die von der ↑Pro Loco in kleinen u. mittleren Gemeinden für Einwohner, Touristen u. für die eigenen Arbeitsemigranten veranstaltet werden.

EUR, *Esposizione Universale di Roma.* Römische Weltausstellung im Jahr 1934, heute ein römisches Stadtviertel.

EURATOM, *Comunità Europea dell'Energia Atomica (CEEA).* Europäische Atomenergiegemeinschaft mit Sitz in Brüssel, 1957 von den EG-Staaten in Roma als parallele Organisation zur EG gebildet.

Europäisches Parlament ↑Parteien.

F

farfalle ↑pasta.

farinata. Weicher, warmer Fladen aus Kichererbsengrieß u. Wasser; typisch für Liguria, wird aber auch in nördlichen Teilen der Toscana u. der Emilia zubereitet u. wie ↑pizza zum Kauf angeboten.

farro. Hartweizen (↑pasta).

fascismo. Politische Bewegung mit nationalistischen, imperialistischen u. antidemokratischen Zielsetzungen, die in It. 1921 als *Partito Nazionale Fascista* (PNF, Nationale Faschistische Partei) u. a. von Benito Mussolini (↑Duce, ↑Palazzo Venezia) gegründet wurde u. als diktatorisches Regime das Königreich Italien von 1922 bis 1943 regierte. ↑Parteien *(MSI-DN),* ↑resistenza, ↑CISNAL, ↑liberazione.

Febbraio 74 ↑Organisationen.

Federcalcio, *Federazione Italiana Gioco Calcio.* It. Fußballbund.

Federterra, *Federazione Lavoratori della Terra.* Der Verband der Landarbeiter vertritt die Interessen der Landarbeiter u. Tagelöhner gegenüber der ↑Confagricoltura, er entstand in der Nachkriegszeit unter der Führung linker Gewerkschafter.

Feiertage. 1. 1.: *Capodanno,* Neujahrstag; 6. 1.: *La* ↑*Befana;* ↑*Pasqua* u. ↑*Pasquetta* (Ostersonntag u. Ostermontag); 25. 4.: *Festa della* ↑*Liberazione;* 1. 5.: Tag der Arbeit; 15. 8.: ↑*Ferragosto;* 1. 11.: *Ognissanti,* Allerheiligen; 8. 12.: Mariä Empfängnis; 25./26. 12.: ↑*Natale,* Weihnachten, u. *St. Stefano.* Die *Festa Nazionale della Repubblica* (Nationalfeier der Republik) findet am 1. Sonntag nach dem 2. Juni statt, die *Festa dell'Unità Nazionale* (Tag der nationalen Einheit) am 1. Sonntag im November.

fernet *m.* Ein sehr starker ↑*amaro* (bis 45 % Alkohol) aus Wurzeln, Rinden

u. Kräutern. Berühmt ist der *Fernet Branca*, auch in der Variante *Branca Mente* mit Minzgeschmack.

Ferragosto. Ursprünglich wurde der ↑*Feiertag* am 1. August in Erinnerung an die Ferien des Kaisers Augustus begangen, später auf den 15. verlegt. Heute feiert man den Tag mit Familienausflügen.

fesa. Fleischstück, das für Braten u. ↑*scaloppine* verwendet wird.

festa... ↑Parteienfestivals, ↑Folklore-Veranstaltungen.

Festspiele, historische. Berühmtestes h. F. It.s ist der *Palio di Siena*, ein historisches Pferderennen, das im Juli u. August unter 10 der 17 historischen Stadtteile (*contrada*) von Siena ausgetragen wird. Von ähnlicher Pracht, mit aufwendigen historischen Zügen u. Spektakeln um Ritterturniere o. andere Kämpfe, sind aber auch folgende h. F., oft mit ebenso glorreicher Tradition:
Contesa del Secchio di S. Elpidio (AP): Kampf um den Eimer von S. Elpidio, am 2. Augustsonntag; zur Erinnerung an die mittelalterlichen Streitigkeiten beim Wasserholen aus dem einzigen Stadtbrunnen. *Disfida di Barletta* (BA): Die Herausforderung von B., Mitte September; am 13. Februar 1503 kämpften in Barletta 13 it. Ritter siegreich gegen 13 französische, weil die Franzosen die Italiener beleidigt hatten. *Giostra della Quintana di Ascoli Piceno:* Quintana-Turnier von Ascoli Piceno, 1. Augustsonntag; von 6 Vertretern der Stadtteile wird nach 3 Durchläufen derjeni-

ge Ritter zum Gewinner ausgerufen, der die Quintana (eine bewegliche Zielfigur, die einen Sarazenen darstellt) ins Herz getroffen hat, ohne selbst von einem Rückschlag getroffen zu sein. *Giostra della Quintana di Foligno* (PG): Quintana-Turnier von Foligno, an den ersten zwei Septembersonntagen; 10 Ritter müssen dreimal mit einer Lanze mit hohem Tempo in den Ring der Quintana treffen. *Giostra dell'Orso di Pistoia:* Bärenkampf von Pistoia, Ende Juli; 12 Ritter als Vertreter von 4 Stadtteilen werfen mit Lanzen auf zwei Zielscheiben (früher zwei Bären). *Giostra del Saracino di Arezzo:* 1. Septembersonntag; Ritterturnier um den Saracino Buratto, König von Indien, 1593 zum ersten Mal ausgetragen; 8 Ritter kämpfen um den Sarazenen, der als Zielscheibe in der Mitte des Feldes aufgestellt wird. *Palio dei Normanni di Piazza Armerina* (EN): Unmittelbar vor ↑*Ferragosto* wird in Piazza Armerina die Ankunft der blonden Normannen und am nächsten Tag der Palio gefeiert. *Palio dei Rioni di Oria* (BA): 1. Augustwochenende; Ritterturnier der Stadtteile von Oria, zur Erinnerung an Kaiser Friedrich II. *Palio dell'Oca Dorata di Trento:* Die historische Regatta um eine goldene Gans mit den 15 Flößen der alten Stadtteile wurde vor einigen Jahren wieder ins Leben gerufen, wird im Juni während der Feierlichkeiten für den Stadtpatron St. Vigilius veranstaltet. *Palio del Niballo di Faenza* (RA): Seit 1959; Festspiele während des ganzen Juni u. Palio am letzten Sonntag. Niballo ist im Dialekt von Faenza der historische Hannibal, der auf dem Marsch gegen Roma angeblich bei Faenza gelagert haben soll. Die Ritter der alten Stadtteile kämpfen mit Lanzen um Niballo, einen Sarazenen, der in der Mitte des Feldes als Zielscheibe aufgestellt wird. *Palio di Asti:* 2. Septembersonntag; geht auf den Sieg von Asti über Alba (CN) zurück u. wurde zum ersten Mal 1275 unter den Vertretern der 13 alten Stadtteile ausgetragen. *Palio di Montagnana* (PD): 1. Septembersonntag; geht auf die Feiern zum Tod des Tyrannen Ezzelino zurück; das Pferderennen wird nach dem Statut von 1366 um 10 Ortschaften um Montagnana ausgetragen. *Palio Marinaro di Livorno:* 1. Julisonntag: seit 1921 unter 14 Booten ausgetragene Regatta. *Gioco del Ponte di Pisa:* Das Brückenspiel von Pisa; Anfang Juni; die Vertreter der Stadtteile Tramontana u. Mezzogiorno kämpfen um die Eroberung einer Arnobrücke; Gewinner ist die Gruppe, der es gelingt, einen schweren Wagen von der Mitte der Brücken bis zum gegnerischen Ufer zu schieben. *Partita a Scacchi di Marostica (VI):* Schachspiel mit lebendigen Figuren im September auf dem *Campo Grande del Castello*, als Erinnerung an die Rivalen, die 1454 mit einer Schachpartie anstatt mit einem Duell um die Liebe der schönen Leonora kämpften. *Regata Storica di Venezia:* belegt seit 1247; in der heutigen Form seit 1920 am 1. September unter den vier Gondelklassen *Pupparini Muscarete, Caorline* u. *Gondolini* ausgetragen. *Regata Storica delle Repubbliche Marinare di Amalfi (SA):* Anfang Juni; zur Erinnerung an den Kampf um die Vorherrschaft unter den Seerepubliken Pisa, Genova, Venezia u. Amalfi; seit 1955. *Rievocazione Stori-*

ca di Palmanova (UD): Seit 1977 in der 2. Juliwoche, mit dem *Palio della Rotella* zur Erinnerung an die Kämpfe zwischen Udine, Cividale u. Aquileia. *Torta dei Fieschi di Lavagna* (GE): Eine 10 m hohe Torte wird am ↑*Ferragosto* zur Erinnerung an die Hochzeitstorte des Grafen Opizzone Fieschi auf der Piazza von Lavagna unter den Festspielteilnehmern u. dem Publikum verteilt. ↑*Folklore-Veranstaltungen.*

fettuccine. Römische *tagliatelle* (↑*pasta*).

FF AA, *Forze Armate.* Streitkräfte. ↑*Consiglio Superiore delle Forze Armate.*

FF SS, *Ferrovie dello Stato.* Die it. staatl. Eisenbahn wurde 1905 gegründet u. 1906 mit dem Einschluß der *Società delle Ferrovie Meridionali* auf ganz It. ausgedehnt. Die erste it. Eisenbahnstrecke Napoli–Portici war 1839 eingeweiht worden. ↑*pendolino.*

FGCI, *Federazione Giovanile Comunista Italiana.* Jugendorganisation des PCI (↑*Parteien,* ↑*Organisationen*).

FGR, *Federazione Giovanile Repubblicana.* Jugendorganisation des *PRI* (↑*Parteien,* ↑*Organisationen*).

FGSI, *Federazione Giovanile Socialista Italiana.* Jugendorganisation des PSI (↑*Parteien,* ↑*Organisationen*).

FIAT, *Fabbrica Italiana Automobili Torino,* 1899 von Giovanni Agnelli in Torino gegründet (↑*Piemonte*); heute ein weltweiter Konzern mit knapp 210

Produktionsanlagen, ca. 50 davon im Ausland. Zu den Gesellschaften im FIAT-Besitz gehören die Autofirmen Abarth, Autobianchi, Ferrari Lancia u. OM-LKW sowie Betriebe zur Herstellung von Industriefahrzeugen, Schiffsmotoren, Flugzeugen, Maschinen, Biotechnik, außerdem Stahlwerke, Atomkraftwerke, ferner betreibt FIAT Raumforschung, Tourismus, die Tageszeitung „La Stampa" u. den Fußballverein „Juventus".

fiera... ↑Jahrmärkte u. Verkaufsausstellungen.

Fiera Campionaria di Milano. Mailänder Mustermesse, 1920 eröffnet, die führende Messe It.s, die Milano zu einem Messezentrum von Weltrang macht.

FIGC, *Federazione Italiana Gioco Calcio* ↑Federcalcio.

Film. 1945–1950: Blütezeit des it. Autorenfilms, sozialkrit. Inhalte (↑*Neorealismo*). Edoardo De Filippo, *Napoli milionaria* (1951, Millionenstadt Neapel), Giuseppe de Santis, *Riso amaro* (1948, Bitterer Reis), Vittorio De Sica, *Ladri di biciclette* (1948, Fahrraddiebe, nach der Erzählung von L. Bartolini), Pietro Germi, *In nome della legge* (1949, Im Namen des Gesetzes), Alberto Lattuada, *Il mulino del Po* (1948, Die Mühle am Po, nach dem Roman von R. Bacchelli, ↑*Literatur*), Roberto Rossellini, *Roma città aperta* (1945, Rom offene Stadt), Luchino Visconti, *La terra trema* (1948, Die Erde bebt, nach dem Roman *Malavoglia* von Giovanni Verga) Luigi Zampa, *Anni difficili*

(1948, Kritische Jahre, nach dem Roman *Gli anni perduti* von V. Brancati); bedeutendster F.-Autor: Cesare Zavattini (geb. 1902), v. a. in Zusammenarbeit mit V. De Sica.

Ab zweite Hälfte 50er Jahre: Neue Generation von Filmemachern, unmittelbare Auseinandersetzung mit den politischen, kulturellen, sozialen Veränderungen durch Wiederaufbau (↑*ricostruzione*) u. Wirtschaftswunder (↑*miracolo economico*). Michelangelo Antonioni, *Il grido* (1957, Der Schrei), Marco Bellocchio, *I pugni in tasca* (1965, Die Fäuste in der Tasche), Bernardo Bertolucci, *Il conformista* (1970), Der große Irrtum, nach dem Roman von A. Moravia) Liliana Cavani, *I cannibali* (1969, Die Kannibalen), Vittorio De Seta, *Banditi ad Orgosolo* (1961, Banditen in Orgosolo), Federico Fellini, *La dolce vita* (1959, Das süße Leben), Marco Ferreri, *L'ape regina* (1962, Die Bienenkönigin), Pier Paolo Pasolini, *Accattone* 1961, Elio Petri, *A ciascuno il suo* (1967, Tote auf Bestellung, nach einem Buch von L. Sciascia), Nelo Risi, *Diario di una schizofrenica* (1968, Tagebuch einer Schizophrenen), Francesco Rosi, *Le mani sulla città* (1963, Hände auf der Stadt), Ettore Scola, *Permette? Rocco Papaleo* (1971, Erlauben Sie? Rocco Papaleo), Paolo u. Vittorio Taviani, *I sovversivi* (1967, Die Subversiven), Lina Wertmüller, *I basilischi* (1963, Die Basilisken). 1965–1975 war die Reifezeit des Autorenfilms; gleichzeitig fand die endgültige Politisierung des F. durch jüngere Filmemacher wie Ugo Gregoretti, Francesco Maselli, Giuliano Montaldo, Gillo Pontecorvo u. a. statt.

Kommerzielles Kino (*film da cas-*

setta): *commedia all'italiana*, it. Liebeskomödie, v. a. mit Adriano Celentano, Schlagersänger, Schauspieler u. später Filmemacher; *filmi gialli* (↑*giallo*) u. *polizieschi*, Krimis u. Thrillers; *western all'italiana*, Italo-Western o. Spaghetti-Western, z. B. Sergio Corbucci, *Il grande silenzio* (1968, Leichen pflastern seinen Weg), Sergio Leone, *Per un pugno di dollari* (1964, Für eine Handvoll Dollar).

Zur it. F.-kultur u. -produktion gehören folgende Institutionen: *Istituto Luce* o. *L'Unione Cinematografica Educativa* (Die Union für Erziehung durch F.), 1925 durch königliches Dekret in ein staatl. Kulturorgan für faschistische Propaganda umgewandelt. *Cinecittà* ‚Kinostadt', ein Gelände mit F.studios in Roma, das 1937 als Zentrum der it. F.produktion fertiggestellt wurde; dort auch der *Centro Sperimentale di Cinematografia* (*CSC*, Experimentelles Zentrum für F., seit 1935, 30 000 Fachbücher u. -zeitschriften, Fotothek), Ausbildungszentrum für junge Filmemacher, Kameraleute, Assistenten, Bühnenbildner u. Filmtechniker (Zeitschrift *Bianco e Nero*), jew. ein Teil der 2jährigen Ausbildungskurse für ausländische Bewerber. Die *Cineteca Nazionale* (Nationale Filmothek mit ca. 20 000 F.), Teil des *CSC*, sorgt für kontinuierliche Dokumentation des it. F. u. für dessen Verbreitung, bereitet eine erweiterte Auflage des „Filmlexikons der Autoren u. Werke" vor. Das nat. Filmmuseum *Museo Nazionale del Cinema* mit Exponaten aus der Geschichte der Fotografie u. des F. sowie mit einer internationalen F.bibliothek befindet sich in Torino, wo der it. F. seinen Anfang nahm.

Zeitschriften: Bianco e Nero, (s. o.), *Cinema & Film* (1966–1971), *Cinema Nuovo, Cinemasessanta, Filmcritica, Rivista del Cinematografo.*

Festivals, Mostre, Premi, Rassegne (Filmfestivals u. Filmpreise): die bekanntesten sind *Mostra Biennale d'Arte Cinematografica di Venezia* (Verleihung des *Leone d'Oro*, des Goldenen Löwen) zum 1. Mal 1932 auf der XVIII. Biennale di Venezia; *Festival del Cinema Europeo di Rimini*, seit 1984; *Mostra Internazionale di Pesaro*, seit 1964; *Premio Ischia* mit der Verleihung des *Fungo d'Argento* (Silberner Pilz), seit 1971; *Rassegna Cinematografica di Montecatini* (PT), seit 1949; *Taormina Arte* mit dem Filmpreis *Cariddi* u. den *Nastri d'Argento* (Silberne Bänder); der Präsident der Republik verleiht jährlich in Firenze den Filmpreis *Donatello*.

finanziera. Füllung aus Hühnerinnereien u. Pilzen, wird auch als Soße für Nudeln verwendet; typ. für ↑*Piemonte*.

FINMECCANICA u. FINSIDER, *Società Finanziaria Meccanica* bzw. *Siderurgia.* Finanzierungsgesellschaft für Metallindustrie bzw. Hüttenwesen innerhalb des ↑*IRI* zur Förderung der o. g. Produktionsbereiche, seit 1937.

FIOM, *Federazione Impiegati e Operai Metallurgici.* Verband der Hüttenangestellten u. -arbeiter als gewerkschaftliche Organisation der ↑*CGIL*.

fior di latte ↑Käse.

fiore sardo ↑Käse.

FMI, *Fondo Monetario Internazionale.* Internationaler Währungsfonds.

FNSI, *Federazione Nazionale della Stampa Italiana.* Nat. Verband der it. Presse mit Sitz in Roma.

focaccia. Fladenbrot; einfache ↑*pizza.*

Folklore-Veranstaltungen. Die it. Folklore (↑*Carnevale,* ↑*Pasqua,* ↑*Natale*) ist sehr eng mit dem Alltagsleben der unteren Gesellschaftsschichten sowie mit religiösen Gebräuchen verbunden. Zu dem ersten Bereich gehören Veranstaltungen wie *Battaglia dei Fiori di Ventimiglia:* Mitte Juni; Blumencorso mit zahlreichen Blumenwagen (mehr als 150000 Nelken pro Wagen), der jährlich unter ein besonderes Motto gestellt wird. *Festa dei Navigli di Milano:* Anfang Juni; Volksfest mit Folklore, Sportdarbietungen u. kulinarischen Spezialitäten an den Kanälen (*navigli*) Pavese u. Ticinese. *Festa dell'Albero di Abete di Viggianello* (Potenza): Eine 20–30 m hohe Kiefer, deren Krone reichlich mit Eßwaren als Preisen beladen ist, wird auf der Piazza aufgestellt; das Spiel besteht darin, den – gelegentlich eingefetteten – Stamm hochzuklettern u. die Preise herunterzuholen. Es findet in Viggianello an einem Sonntag Mitte August statt, ist aber allgemein in südlichen Regionen sehr verbreitet. *U Pisci a Mari:* Am Tag des hl. Johannes (24. Juni) wird auf dem Meer vor Aci Trezza (CT) eine Parodie auf den traditionellen Schwertfischfang veranstaltet.

Im Zusammenhang mit religiösen Feierlichkeiten werden jährlich folgende Folkloretraditionen gepflegt:

Corsa dei Pescatori Scalzi di Cabras (SS): Die Fischer lösen ein altes Gelübde ein, indem sie im Laufschritt eine Christusstatue von Sinis nach Cabras (12 km) tragen, um sie vor den Sarazenen zu retten. *Estate Albanese di Lungro* (CS): Seit einigen Jahren werden hier im Juli u. August Volksfeste der ↑*Albaner* veranstaltet, an denen sich die anderen 35 albanischen Dörfer in ↑*Calabria* sowie eine offizielle Delegation aus Albanien beteiligen. *Festa di S. Giovanni di Firenze:* Am 24. Juni feiert die Stadt ihren Schutzpatron, den hl. Johannes, mit Prozession, Palio, historischem Ballspiel u. abendlichem Feuerwerk auf dem Fluß Arno. *Festino di Santa Rosalia di Palermo:* Seit 1625, vom 10. bis 15. Juli; Höhepunkte sind das Feuerwerk am 14. Juli u. die histor. Prozession am Tag der hl. Rosalia. *Macchina di Santa Rosa di Viterbo:* Am Tag der hl. Rosa, am 3. September, wird abends im Laufschritt ein angestrahlter, 30 m hoher u. 4 t schwerer Turm von 100 Männern durch die Stadt getragen. Der Turm stellt jedes Jahr ein anderes Bild der Stadt Viterbo dar. *Piedigrotta:* Volksfest in Napoli, in der 1. Septemberwoche mit Allegorien-Umzug, Jahrmarkt u. Feuerwerk auf dem Meer. *Processione dei Candelieri di Sassari;* 14. August; Dankesprozession seit der Pest 1652; die Mitglieder der Zünfte führen in historischen Gewändern ihre überdimensionalen Zunftsymbole vor. *Sagra del Grano di Jelsi* (IS): Am 26. Juli, Tag der hl. Anna, wird das Erntedankfest gefeiert, wobei auf besonderen Schlitten am Nachmittag Getreidesäcke durch das Dorf gefahren werden. *Sagra di Santa*

Greca di Decimomannu (CA): Prozession der hl. Greca von Decimomannu am letzten Septembersonntag; wohl die berühmteste auf ↑ *Sardegna*. *Stracciamento del Carro di Matera:* 2. Juli; nach der Prozession der *Madonna Nera* wird der Wagen von den Teilnehmern wie im Jahr 1378 zerstört, um zu vermeiden, daß die Sarazenen mit demselben Wagen die Madonna stehlen. *Historische* ↑ *Festspiele.*

FORMEZ, *Centro di Formazione e Studi per il Mezzogiorno.* Das Bildungs- u. Studienzentrum für Süditalien, gegr. 1965, mit Sitz in Roma, bildet Führungskräfte für Industrie u. Verwaltung in Süditalien (↑ *Mezzogiorno*) aus.

fotoromanzo. Liebes- u. Abenteuergeschichte, die durch Fotos mit Sprechblasen als Ganzes o. in Fortsetzungen erzählt wird. F.-Zeitschriften, die in wöchentlichen Millionenauflagen erscheinen: z. B. *Grande Hotel* u. *Bolero.*

frattaglie *fpl.* Innereien.

frazione. Ortschaft, die verwaltungsmäßig einer größeren Gemeinde (↑ *autonomie locali*) angeschlossen ist, z. B. Torretta di Crucoli, d. h. Torretta ist f. der Gemeinde Crucoli (CZ).

Friuli – Venezia Giulia. Die Region (7,8 km², 1,2 Mio. E.) besteht zur einen Hälfte aus alpinem Bergland (*Coglians* 2780 m, *Montasio* 2735 m, *Mongart* 2678 m), zur anderen weitgehend aus Ebenen mit industrialisier-

ter Landwirtschaft: Rinder- u. Schweinezucht (↑ *Schinken u. Wurst* aus San Daniele, UD), Weizen-, Zuckerrüben-, Tabak- u. v. a. Weinanbau (↑ *Wein*). Typ. für die relativ regenreiche Region sind die kalte, bis 80 km/h schnelle *Bora* u. der feuchtwarme *Scirocco.*

Die Berglandschaft *Carnia* oberhalb der Fellamündung in den Tagliamento (Friuli) bildet eine der bekanntesten geographisch-historischen, sprachlichen u. kulturellen Einheiten It.s.

Die Industrie in Venezia Giulia konzentriert sich auf die Werften von Trieste/Triest u. Monfalcone (GO), auf die Textilbetriebe von Gorizia/Görz u. auf die Raffinerien von Trieste. In Friuli ist Pordenone für die Produktion von Haushaltsgeräten (z. B. Zanussi) u. modischer Bekleidung (Familienunternehmen Benetton) bekannt geworden. Bei Manzano (UD) werden Stühle hergestellt. In den Handwerksbetrieben werden Messer u. Scheren, Taschen u. Puppen aus Maisstroh gemacht, außerdem die typ. *bronzini* (Kochtöpfe mit einem Dreifuß) u. die sog. *zirp,* Holzmasken aus Carnia.

Provinzhauptstädte sind Trieste (auch Regionshauptstadt) u. Udine (mit 1938 bzw. 1977 gegr. Universitäten), Gorizia u. Pordenone. Auf regionaler Ebene erscheint die Tageszeitung „Il Piccolo" (TS), auf Provinzebene der „Messaggero Veneto" (VD) u. der „Primorski Dnevnik" (TS) in slowen. Sprache.

Charakteristisch für die Region ist das Nebeneinander verschiedener sprachl. u. ethn. Gruppierungen: deutsche Minderheiten *(Tedeschi)* in der Provinz Udine (Pontebba Nova, Sauris, Sta. Caterina, Tarvisio, Timau von Paluzza u. Ugivizza); *Slowenisch* in 7 Varianten in u. um Trieste u. Gorizia (↑*Slowenen*); für das *Friulano* als eigene Sprache, auch im öffentlichen Leben u. der Verwaltung, engagiert sich der *Movimento Friuli*. Das Italienisch der Region gehört zum System *Veneto* (↑*Sprache u. Dialekte*).

Zeitgenöss. Autoren aus u. über Friuli: P. P. Pasolini (1922–1975), C. Sgorlon (geb. 1930); Venezia Giulia: U. Saba (1883–1957), F. Tomizza (geb. 1935), G. Arpino (geb. 1927), E. Bettiza (geb. 1927), P. Quarantotti Gambini (1910–1965), I. Svevo (1861–1928). ↑*Regionen*, ↑*Provinzkennzeichen*, ↑*musica classica*, ↑*Theaterfestspiele*, histor. ↑*Festspiele*, ↑*Klöster*, ↑*Museen*, ↑*Käse*, ↑*Schinken u. Wurst*, ↑*Naturschutzgebiete*.

Frizzante, Frizzantino ↑Wein.

FUAN (Caravella), *Fronte Universitario di Azione Nazionale*. Hochschulbund der nationalen Aktion Caravella des MSI (↑*Parteien*).

FUCI, *Federazione Universitaria Cattolica Italiana*. Katholischer Hochschulbund It.s der DC (↑*Parteien*).

fumetto. Comics (wörtl.: kleiner Rauch). Berühmt unter den it. Comics ist der Westernheld Tex Willer u. der Lausbub „Il Monello".

fusilli ↑pasta.

Futurismo. 1909 mit dem Manifest des Futurismus von Filippo Tommaso Marinetti (1876–1944) gegründet, kämpfte der F. mit großer Begeisterung für die Geschwindigkeit im Zeitalter der Technologie, für eine Erneuerung der it. Kunst. Literatur: F. T. Marinetti, Aldo Palazzeschi (1885–1974) u. Ardengo Soffici (1879–1964); bildende Kunst: Giacomo Balla (1874–1958), Umberto Boccioni (1882–1916), Carlo Carrà (1881–1966) u. Gino Severini (1883–1966); Städtebau: Antonio Sant'Elia (1888–1916); Theater u. Musik: Luigi Russolo (1885–1947) u. Fortunato Depero (1892–1960). ↑*Literatur*, ↑*Malerei*, ↑*Architektur*, ↑*Bildhauerei*.

G

galleria ↑Museen, Galerien, Pinakotheken.

garganelli ↑pasta.

Gazz. Uff. o. G. U., *Gazzetta Ufficiale*. Das ‚Amtsblatt' der it. Republik wird vom Justizministerium herausgegeben u. veröffentlicht alle Gesetze, Dekrete, Verordnungen u. Richtlinien der Legislative.

GdF, *Guardia di Finanza*. Die Zollbehörde ist seit 1862 Sondereinheit der it. Armee, übt heute gleichzeitig militärische, polizeiliche u. steueramtliche Funktionen im Hoheitsbereich der Republik aus.

Gemüse. Für G. in It. wird vom ↑*ICE* ein Saisonkalender herausgegeben (*Ars Vivendi*): (s. S. 127).

genovese. ‚Genueser'; gefüllter Biskuitkuchen.

gettone *m.* Telefonmünze (kostete 1987 200 Lire), erhältlich aus dem Automaten in den Telefonzellen o. in Bars mit öffentlichem Telefondienst. Neuerdings kann man auch mit einer *carta telefonica* (Telefonkarte) à 5000 u. 10000 Lire telefonieren (erhältlich bei den Geschäftsstellen der ↑*SIP*). Billigtarife, auch für das Ausland, täglich von 22–8 Uhr u. sonntags.

Gewerkschaften u. Verbände. Der Wiederaufbau der G. u. V. It.s setzte gleich nach dem Zusammenbruch des ↑*fascismo* 1943 ein u. entwickelte sich parallel zum Aufbau der Republik als deren Bestandteil. Für die Nachkriegsgeschichte der G. lassen sich drei Abschnitte erkennen:
1943–1947: Einheitlicher Wiederaufbau der ↑*CGIL* (*Confederazione Generale Italiana del Lavoro*, Allgemeiner Italienischer Gewerkschaftsbund) bis zur Spaltung 1948.
1948–1977: Ständig wachsende Einflußnahme der G. u. V. im öffentlichen Leben, was u. a. zur Gründung einer Föderation (*Federazione Unitaria*) der drei Hauptgewerkschaften ↑*CGIL*, ↑*CISL*, ↑*UIL* 1972 führte, keine strukturelle Einheit – etwa wie beim DGB – darstellt, sondern eine Einheit der wirtschaftlichen, politischen, sozialen u. kulturellen Ziele, die mit einer gemeinsamen Strategie verfolgt werden sollen.
1977–1984: Rückgang der Mitgliederzahl bei den aktiven Arbeitskräften von ca. 49% 1977 auf 43% 1984, Abnahme der Streikbereitschaft um etwa die Hälfte der gestreikten Stunden, was mit der Zunahme der Arbeitslosigkeit u. der Inflation von 16,5% bzw. 8,4% im selben Zeitraum erklärt wird. 1984 brach auch die Föderation, nachdem sie sich nicht auf ein einheitliches Vorgehen gegen die Kürzung der ↑*scala mobile* durch die Regierung Craxi einigen konnte. ↑*Coldiretti*, ↑*Confagricoltura*, ↑*Confartigianato*, ↑*Confcommercio*, ↑*Confindustria*, ↑*Federterra*.

GI, *Giudice Istruttore.* Untersuchungsrichter.

giallo. Wörtl. gelb, Krimi (Roman, Film o. TV-Spiel), nach dem gelben Umschlag der ersten Kriminalromanreihe in It.

giostra... histor. ↑Festspiele.

giunta. ‚Ausschuß', die Exekutive innerhalb der direkt gewählten Verwaltungsgremien der ↑*autonomie locali*.

GL, *Giustizia e Libertà.* ‚Gerechtigkeit u. Freiheit' war eine antifaschistische Bewegung, die von den Gebr. Rosselli 1929 in Paris gegründet wurde, 1943 trat sie fast einheitlich in die *Partito d'Azione* (↑*Parteien*) ein.

GLI, *Gioventù Liberale Italiana.* Liberale Italienische Jugend, Jugendorganisation des PLI (↑*Parteien*).

gnocchi *mpl.* Nockerln (↑*pasta*).

gorgonzola ↑Käse.

GR, *giornale radio.* Nachrichten im Fernsehen bzw. Radio (↑*RAI TV*)

grana ↑Käse.

grappa. Der bekannteste it. Schnaps aus Weintrester (30%–60% Alkohol) wird in Norditalien hergestellt: *G. Julia, G. Libarna, G. La Doppia, G. Bocchino, G. alla Ruta* (mit Raute-Kraut gewürzt).

Griechen *(Greci).* Z. Z. ca. 12500 in ganz It. Zur Gründung der griechischen Gemeinden in ↑*Calabria* u. ↑*Puglia* gibt es zwei Hypothesen: Entweder waren es griechische Kolonien der Magna Graecia (ab 4. Jh. v. Chr.), o. sie waren byzantinischer Herkunft, jedoch erst nach dem Ende des Byzantinischen Reiches (1453) nach It. gekommen.

Gran Premio d'Italia Monza. Der it. Auto-Grand-Prix wird seit 1922 im September auf dem *Autodromo Nazionale di Monza* (4,25 km, seit 1955) ausgetragen.

Gran Premio Ippico Merano. Das nationale Reitturnier von Merano (BZ) wurde 1925 von Mussolini eingeführt u. seit 1951 wieder veranstaltet; es findet am letzten Septembersonntag statt u. ist mit der *Lotteria Nazionale di Merano* verknüpft.

Gruppo misto ↑Parteien.

Gruppo 63. Nach dem Vorbild der deutschen Gruppe 47 konstituierte sich im Oktober 1963 in Palermo eine Gruppe von Schriftstellern als Neo-Avantgarde, die mehr Experimente u. den Gebrauch der Alltagssprache in Lyrik u. Roman forderte. Der G. wurde durch die kulturellen Zielsetzungen der Arbeiter- u. Studentenbewegung (↑*MS*) 1969 zur Auflösung gezwungen. Als Wegbereiter des G. gilt die Lyrik-Anthologie *Novissimi* (Die Jüngsten) von Alfredo Giuliani (1961) mit Gedichten von Nanni Balestrini, Alfredo Giuliani, Elio Pagliarani, Antonio Porta u. Edoardo Sanguineti, die dann zu den bedeutendsten Mitgliedern des G. zählten.

GU, *Gazzetta Ufficiale* ↑Gazz. Uff.

guanciale. Speck nach römischer Art.

guazzetto. Leichte Soße für Fisch- o. Fleischgerichte.

Guida d'Italia ↑TCI.

I

ICE, *Istituto Nazionale per il Commercio Estero.* Nat. Institut für Außenhandel.

ICEPS, *Istituto per la Cooperazione Economica con i Paesi in via di Sviluppo.* Institut für wirtschaftliche Zusammenarbeit mit den Entwicklungsländern.

ICIPU, *Istituto di Credito per le Imprese di Pubblica Utilità.* Kreditinstitut für gemeinnützige Unternehmen.

IEI, *Istituto della Enciclopedia Italiana.* ,Institut der it. Enzyklopädie', gegr. 1925 mit Hauptsitz in Roma, gibt Standardwerke der it. Sprache u. Kultur heraus: *Enciclopedia Italiana* (44 Bde.), *Dizionario Enciclopedico Italiano* (15 Bde.), *Dizionario Biogra-*

fico degli Italiani (60 Bde.), *Lessico Universale Italiano* (25 Bde.) u. *Enciclopedia del Novecento* (7 Bde.) u. a. Das *IEI* vergibt auch Forschungsarbeiten zum Italienischen als Fremdsprache.

ILOR, *Imposta Locale sui Redditi.* Örtliche Einkommenssteuer.

Illuminismo ↑Literatur.

INADEL, *Istituto Nazionale per l'Assistenza dei Dipendenti degli Enti Locali.* Nationales Versorgungsamt für Bedienstete der örtlichen Verwaltungen.

INE, *Istituto Nazionale per l'Esportazione.* Das ‚Nat. Exportinstitut', 1927 gegründet, gilt als Warenzeichen für alle landwirtschaftlichen Erzeugnisse, die für den Export ins Ausland bestimmt sind (↑*ICE*).

infiorata. ‚Blumenschmuck' bez. die alte Tradition, daß während der Fronleichnamsprozession Blumen auf die Straße gestreut werden. In Genzano (Roma) u. Spello (PG) werden vor der Prozession auf der Hauptstraße ganze Blumenteppiche ausgelegt.

INPS, *Istituto Nazionale di Previdenza Sociale.* Die ‚Nationale Sozialversicherungsanstalt' mit Hauptsitz in Rom ist für die Rentenversicherung u. die Auszahlung von Arbeitslosengeld (↑*cassa integrazione*) zuständig.

integralismo. ‚Integralismus' ist die kulturpolitische Haltung der rechten ↑*corrente* der DC (↑*Parteien*) und einiger katholischer Bewegungen wie

Communione e Liberazione (↑*Organisationen*) o. die bürgerlichen Komitees (*comitati civici*), die eine Gestaltung des kulturpolitischen Lebens It.s auf der Basis der katholischen Lehre anstreben. Sie bildeten eine Oppositionsfront innerhalb der DC bei der Einführung der Ehescheidung (1970) und der „Unterbrechung der Mutterschaft" (1978) u. unterlagen bei den jeweiligen Abschaffungsreferenden 1974 u. 1981.

involtino. Gefüllte kleine Roulade.

IOR, *Istituto Opere Religiose.* Bank des Vatikan (↑*Vaticano*).

IRCE, *Istituto per le Relazioni Culturali con l'Estero.* Institut für kulturelle Beziehungen mit dem Ausland.

IRI, *Istituto per la Ricostruzione Industriale.* Institut für den industriellen Wiederaufbau, 1933 gegründet, in der Nachkriegszeit wiederaufgebaut. Heute gehören zum IRI u. a. folgende Unternehmen: ↑*Alitalia,* Banca Commerciale Italiana, Banco di Roma, ↑*Finmeccanica* u. *Finsider,* ↑*RAI-TV,* ↑*SIP* u. a.

IRPEF u. IRPEG, *Imposta sul Reddito delle Persone Fisiche* bzw. *Giuridiche.* Einkommensteuer für natürliche bzw. juristische Personen (Körperschaftsteuer).

ISEF, *Istituto Superiore di Educazione Fisica.* Sporthochschule.

ISTAT, *Istituto Centrale di Statistica.* Statistisches Zentralamt mit Hauptsitz in Roma, gibt jährlich das *Annua-*

rio Statistico Italiano (Statistisches Jahrbuch Italiens) heraus.

ISVEIMER, *Istituto per lo Sviluppo Economico dell'Italia Meridionale.* Institut für die wirtschaftl. Entwicklung Süditaliens.

Italia Nostra. ‚Unser Italien'; führende nationale Gesellschaft zum Schutz historischer u. künstlerischer Nationalgüter u. der Umwelt, gegr. 1955, Zeitschrift *Italia Nostra.* ↑ *Organisationen.*

IVA, *Imposta sul Valore Aggiunto.* Mehrwertsteuer (↑ *ricevuta fiscale*).

J

Jahrmärkte u. Verkaufsausstellungen sind in It. sehr beliebt, haben oft eine lange Tradition u. immer ein bestimmtes Thema:

Unter denjenigen, die in den letzten Jahren wieder an Beliebtheit gewonnen haben, befinden sich:

Festival dei Tammur di Grumo Appula (BA), Festival der Trommeln ↑ (*bande basse*). *Fiera del Cavallo Sardo,* Markt des sardischen Pferdes bei Santu Lussurgio (OR); 3 Tage im Juni werden die besten Zuchtergebnisse vorgeführt. *Fiera del Libro Antico di Mantova,* antiquarischer Buchmarkt am 3. Septemberwochenende in Mantova. *Fiera del Tappeto,* Teppichmarkt in Mogoro (OR) Ende Juli/Anfang August; Teppiche, Wandteppiche, Decken u. Umhänge nach uralter sardischer Webtradition. *Mostra dei Cuchi di Este* (PD), Ende Juli/Anfang August; Verkaufsausstellung von Trillerpfeifen aus Terracotta in den verschiedensten Tiergestalten. *Mostra del Coltello di Pattada* (SS), Juni bis September; Messerausstellung in der Stadtbücherei von Pattada, dem Herstellungszentrum der berühmten sardischen Messer. *Mostra delle Collezioni di Potenza,* am letzten Septemberwochenende wird in Potenza alles, was man überhaupt sammeln kann, ausgestellt, von Heiligenbildern bis zu Streichholzschachteln. *Mostra Mercato della Ceramica di Castelli* (TE), Keramik, die nach mittelalterlicher Tradition hergestellt wird; Mitte Juli bis Anfang September. *Mostra Mercato della Zampogna di Scapoli* (IS), Dudelsäcke (↑ *Volksmusikinstrumente*). *Mostra Mercato del Ricamo di Canzano* (TE), bedeutendste Verkaufsausstellung für Spitzenarbeiten nach antiken u. modernen Mustern; eine Woche vom 2. Augustsonntag an.

Jazz. Trotz einer Gruppe bedeutender J.-Musiker wie Giorgio Gaslini, Gianni Basso, Claudio Lo Cascio u. der Scuola di Jazz del Testaccio (römisches Stadtviertel) von B. Tommaso u. dem Gruppo Romano Free Jazz (seit 1966) von Mario Schiano u. Franco Pecori bleibt der J. in It. etwas im Abseits. Dennoch finden seit 1975 jeden Sommer J.-Festspiele mit internationalen Musikern statt: *Umbria Jazz* in Perugia u. Terni, Anfang Juli, *Festival Jazz di Pompei* (NA), Ende Juli, *Festival Jazz di Pescara,* Mitte Juli, *Festival di Roccella Jonica* (CZ), Ende August, *Festival Jazz di San Severo* (FG), Ende Juni (nur mit it. J.-Musikern), *Festival Jazz di Acireale* (CT), Ende Juli.

K

Käse. Der it. K. wird heute in drei Bereichen hergestellt: 1. in großen Unternehmen wie Parmalat (PR), Invernizzi (Melzo, MI) u. Galbani (CN), fast alle bekannten K.sorten It.s, bis auf einige, die durch Namen u. Herstellungsort geschützt sind; 2. in handwerklichen Betrieben meist nach alter, regionaler Tradition, z. T. mit Verkauf über ihren Einzugsbereich hinaus; 3. von Bauern u. Hirten nach Orts- u. Familientradition. Es wird Milch von Schafen, Ziegen u. Büffeln verarbeitet, aber vor allem Kuhmilch, die von großen Unternehmen, aber auch von handwerklichen Betrieben z. T. aus Holland, Frankreich u. aus der Bundesrepublik importiert wird.

K.sorten mit durch ein ↑*consorzio* geschützter *Ursprungsbezeichnung*: *asiago* aus der Valle d'Asiago in den Provinzen Vicenza u. Trento, aus halbfetter Kuhmilch in bis zu 24 kg schweren Laiben, je nach Reifegrad würziger Reib- o. Tafelkäse; *fiore sardo* aus Sardinien, bis zu 1,5 kg schwere Laibe, aus Schafsmilch, als milder Frischkäse nach 4 Monaten in den Handel gebracht, später als Reibkäse für die Regionalküche unerläßlich; *fontina*, fester schmackhafter Schnittkäse, von Fontin bei Quart im Val d'Aosta, aus vollfetter Kuhmilch, bis zu 18 kg schwere Laibe, 3 Monate Reife, typ. für die Gastronomie der Region; *gorgonzola* (nach der gleichnamigen lombardischen Stadt), Weichkäse aus Kuhvollmilch unter Zugabe des Pilzes Penicillium Glaucum (Edelschimmel), hergestellt in Cuneo, Novara, Vercelli in Piemonte

sowie Bergamo, Brescia, Como, Cremona, Milano, Pavia in Lombardia, 6–13 kg schwere Laibe, 2–3 Monate Reifezeit; *grana padano*, in der Po-Ebene der Emilia aus Kuhvollmilch hergestellt, bis zu 24 kg schwere Laibe, zweijährige Reifezeit für Reibkäse, etwas weniger für Tafelkäse, nur von Feinschmeckern am Geschmack von *parmigiano* zu unterscheiden; *parmigiano reggiano*, der berühmteste it. Tafel- u. Reibkäse, wird in den Provinzen Parma, Reggio Emilia u. Modena, in der Provinz Bologna (links des Flusses Reno) u. in der Provinz Mantua (rechts des Flusses Po) nach demselben Verfahren wie der *grana padano* (s. o.) hergestellt, je nach trockenen o. frischen Futtermitteln in zwei Hauptsorten: *vernengo* in den Wintermonaten u. *maggengo* von April bis November; wird in der it. Küche über alle ersten Gerichte (↑*pasta*) bis auf die mit Fisch gerieben.

Harte Schafskäse (manchmal mit Ziegenmilch, unter Zugabe von Lamm- o. Zickenlab) aus den südl. Regionen: *pecorino romano*, *fiore sardo*, *pecorino siciliano*, *canestrato*, *pecorino pepato* (mit Pfefferkörnern) auf Sicilia, *pecorino crotonese* in Calabria, *pecorino moliterno* in Basilicata, *pecorino scanno* in Abruzzo, *pecorino toscano* (v. a. in der Provinz Siena, Verwendung einer bestimmten Distelart bei der Milchgärung). Einziger Schafskäse aus dem Norden ist der *piacentino* (im Nordosten der Emilia), der nur zum Reiben verwendet wird. Alle *pecorini* werden frisch als Tafelkäse u. reif als Reibkäse in der Regionalgastronomie verwendet.

Frischkäse, wie er fast überall in Süditalien auch von kleinen Käsereien

o. von Hirten u. Bauern heute noch nach altem Verfahren gemacht wird: *provolone*, geschützt in der Sorte, die in Campania (um Sorrento, NA) u. in Puglia (um Gravina, BA) aus Kuhvollmilch in 1–6 kg schweren kegelförmigen Laiben hergestellt wird; nach einer Reifezeit von 2–3 Monaten schmeckt er mild, dann pikant; *mozzarella di bufala*, in kleinen Kugeln (50–600 g), nur aus Büffelvollmilch; da heute Büffelzucht nur noch in der Region um Battipaglia (SA) in großen Herden betrieben wird, wird die *mozzarella* sonst aus Kuhvollmilch hergestellt, auch in den Varianten *fior di latte* (Milchblume), *ciliege* (Kirschen), *bocconcini* (kleine Happen), *trecce* (Zöpfe), die als Schmelzkäse nicht nur für ↑*pizza*, sondern für zahlreiche Gerichte der Regionalgastronomie verwendet werden; *caciocavallo* o. *provola* aus Kuhvollmilch, in birnenförmigen Laiben, v. a. als milde Frischkäse verwendet, z. T. unter Firmennamen in kleinem Format; *butirri* o. *burrini*, birnenförmig u. mild, innen mit Butter gefüllt, um die Butter in heißen Regionen auf natürliche Weise aufbewahren zu können, K. u. Butter werden scheibenweise zusammen verzehrt; Variante der Region Puglia: *burrata*, milder Frischkäse aus Kuhvollmilch, etwas größer u. runder, mit einem Herz aus Sahne, daher wird er sehr frisch verzehrt; *scamorza*, in Form einer dicken Birne mit abgebundenem Hals, mild, aus Kuhvollmilch, manchmal mit Ziegenmilch vermischt. Von *mozzarella*, *provola* u. *scamorza* gibt es eine geräucherte Variante (*affumicata*).

Weichkäse aus den nördl. Regionen, meist aus Kuhvollmilch: *robiola* (nach dem lombardischen Städtchen Robbio in Lomellina u. der rötlichen Farbe, wenn sie reif ist); wird heute in Valsassina östlich vom Lago di Lecco hergestellt, quadratische Laibe von 300–400 g, je nach Reifezeit mild o. pikant; Varianten: *robiola* o. *tuma delle langhe*, auch in Piemonte, aus Schafsmilch, 400–600 g, längliche Form; *robiolina* u. *robioletta*, kleine *robiola* aus industrialisierten Käsereien, mit Firmennamen versehen. *Stracchino*, milder lomb. Weichkäse, der Legende nach von Kühen, die im Herbst müde (*stracco*) von der Alp zurückkamen; industrielle *stracchini*: *certosa*, *certosina*, *stracchinella*, *invernizzina* u. a. *Taleggio* aus dem gleichnamigen Valtaleggio in der lomb. Provinz Bergamo, heute auch aus Veneto u. der Po-Ebene, karreeförmige Laibe von 1,7–2,2 kg, mild u. reif nach 1–2 Monaten, als Tafelkäse, v. a. aber mit ↑*polenta*.

Weitere Tafelkäse: montasio, typ. für Friuli-Venezia Giulia, aus Kuhvollmilch, auch als Schmelzkäse; Laibe von 5–9 kg, Reifezeit von 2–5 Monaten, nach einem Jahr ein würziger Reibkäse; *pressato* (Veneto), seinem Geschmack nach zwischen *fontina* u. *asiago* (s. o.), aus Kuhvollmilch in Laiben von 9–14 kg, reift innerhalb von 2 Monaten. Typische, überregionale, frische, leicht herbe Tafelkäse aus Kuh- u./o. Schafsvollmilch sind *caciotta* (*marchigiana/romana/toscana/umbra*) u. *ricotta* (südl. Regionen u. Piemonte); die *ricotta classica* wird aus Molke von Schafsmilch unter Zugabe frischer Schafsmilch u. etwas Lab gewonnen u. als sahniger Frischkäse o. nach einem Jahr als Reibkäse verzehrt (auch in geräucherter Form).

Caciotta u. *ricotta* werden als Füllung bei einigen Nudelgerichten verwendet, letztere auch in Kuchen. Typische Käsesorten aus Lombardia: *bel paese* (Namen und Siegel geschützt), frischer, leicht würziger Tafelkäse aus Kuhvollmilch; *bitto* (aus der Valtellina), aus 80 % Kuh- u. 20 % Schafsmilch, in der reg. Küche für ↑*polenta* u. *pizzoccheri* (↑*pasta*) verwendet; *mascarpone*, nur von Oktober bis April hergestellt, ein cremiger Käse, der in die it. Küche zur Zubereitung von Nudeln u. Dessert, z. B. ↑*tiramisù*, eingegangen ist.

Katalanen (*Catalani*). Die Katalanisch sprechenden Bewohner von Alghero (SS, ↑*Sardegna*) werden als Nachfahren einer katalanischen Kolonie angesehen, die Peter I. von Aragonien 1353 dort gründen ließ. Ihre Zahl nimmt ab; 1971: 30000, heute etwa 20000.

Klöster (*Conventi*). In jüngster Zeit hat das Leben zahlreicher it. K. eine bemerkenswerte Öffnung nach außen erfahren.

Viele K. haben ihre *foresteria* (Gästezimmer) in kleine Pensionen umgewandelt, z. B. Monastero San Biagio di Morozzo (CN), Convento Santa Croce al Corvo bei Bocca di Magra (SP), Convento di SS. Pietro e Paolo di Viboldone Milanese (MI), Convento delle Orsoline di Brunek (TR), Abbazia di Praglia bei Bresseo (PD), Monastero di Barbana bei Grado (GO), Monastero di Santa Maria della Neve di Torrechiara (PR), Monastero di Camaldoli (AR), Monastero Santa Maria del Monte, Bevagna (PG), Oasi Santa Maria dei Monti bei Grottam-

mare (AP), Convento di Montefiorentino bei Frontino (PS), Abbazia di Santa Scolastica bei Subiaco (Roma), Santuario del Volto Santo bei Manoppello (PE), Eremo di Camaldoli di Napoli, Convento di Pollica (SA), Abbazia San Martino delle Scale (PA, nur für männliche Gäste) und Abbazia di San Pietro di Sorres bei Borutta (SS, nur für Exerzitien).

Gemäß dem Motto *ora et labora* (bete u. arbeite) werden immer mehr kleine Werkstätten für typische u. traditionsreiche Produkte von K. u. Abteien eingerichtet, die nicht mehr für die Selbstversorgung, sondern für den Verkauf an Besucher o. Feriengäste gedacht sind:

Honig u. Bienenerzeugnisse: Convento l'Alpestre bei Carmagnola (TO), Abbazia S. Maria bei Finale Pia (SV), Abbazia di Chiaravalle Milanese (MI), Abbazia di S. Maria del Monte bei Cesena (FO), Abbazia di Monte Oliveto Maggiore bei Chiusure (SI), Convento SS. Annunziata bei Amelia (TR), Abbazia Valvisciolo bei Sermoneta (LT), Monastero di S. Maria della Consolazione bei Martano (LE, auch Liköre s. u.).

Liköre: Abbazia di Piona bei Colico (CO), Certosa di Pavia, Abbazia di Praglia bei Bresseo (PD), Congregazione Oratorio S. Filippo Neri di Verona, Basilica di S. Apollinare in Classe di Ravenna, Santuario La Verna (AR), Certosa del Galluzzo di Firenze, Certosa di Farneta (LU), Abbazia di Casamari (FR), Certosa di Trisulti bei Collepardo (FR), Convento Tre Fontane di Roma und Santuario di Montevergine bei Mercogliano (AV).

Marmelade, Süßigkeiten, Schokolade: Monastero di S. Biagio di Morozzo (CN, Marmelade), Monastero di Bommoschetto bei San Remo (IM), Convento degli Armeni auf der Isola di S. Lazzaro/Venezia (Rosenmarmelade), Monastero di Sant'Anna di Sigillo (PG, Plätzchen wie die berühmten *funghetti* ‚Pilzchen‘), Monastero di N. S. di S. Giuseppe bei Vitorchiano (VT) u. Monastero delle Vergini di Palermo (gilt auch als die bekannteste Konditorei der Stadt).

Stickereien, Klöppelarbeiten, Web- u. Strickarbeiten bei: Monastero Maria Mater Unitatis bei Miasino (NO, Stickereien), Monastero S. Magno Ameglia (SP, Stickereien), Monastero di Sogliano (FO, Stickereien u. Stoffmalerei), Convento S. Annunziata di Poppi (AR, Wollarbeiten), Convento S. Maria di Rosarno (FI, Stickereien), Monastero di S. Maria di Bevagna (PG, Stickereien), Convento di S. Chiara di Foligno (PG, Wollarbeiten), Monastero di S. Maria di Betlem bei Foligno (PG, Stickereien), Convento di S. Leonardo bei Montefalco (PG, Leinen-Webarbeiten), Monastero di S. Chiara di Trevi (PG, Wollarbeiten u. Stickereien), Monastero di S. Chiara di Filottrano (AN, Stickereien), Monastero di Corpus Domini di Loro Piceno (MC, Stickereien), Monastero di S. Caterina di S. Severino (MC, Web-, Stick- u. Strickarbeiten), Monastero di S. Nicolò bei Cagli (PS, Klöppelarbeiten u. a.), Monastero di S. Maria de' Franconi di Veroli (FR) und Monastero di S. Benedetto di Piedemonte Matese (CE).

Landwirtschaftl. Produkte: Convento Muri Gries in Bozen, Abbazia di Novacella/Neustift bei Brixen (Wein), Monastero S. Maglorio di Celle (RA, Wein der Sorten Sangiovese, rot u. Albana, weiß), Monastero di S. Maria di Gricigliano di Molino del Piano (FI, Chianti u. Olivenöl), Convento Nostra Signora SS. Sacramento Frattocchie bei Roma (Wein, Olivenöl, Obst, Gemüse).

Kosmetische Erzeugnisse u. Kräuter in folgenden schon erwähnten Klöstern u. Abteien: Convento L'Alpestre, Abbazia S. Maria, Abbazia di Chiaravalle, Abbazia di Praglia, Monastero di Camaldoli, Certosa del Galluzzo, Convento SS. Annunziata, Abbazia Casamari, Eremo di Camaldoli, außerdem: Monastero di Valserena di Guardistallo (PI), Convento S. Maria della Scala di Roma.

Homöopathische Erzeugnisse in den o. g. u. folgenden Abteien u. Klöstern: Abbazia di Praglia, Abbazia di Chiaravalle in Emilia, Abbazia Monte Oliveto Maggiore, Abbazia Casamari, Convento S. Maria della Scala, Eremo di Camaldoli.

Kunstbinderei u. Buchrestauration: Certosa di Pavia, Abbazia di Praglia, Monastero di Santa Croce di Firenze u. Abbazia San Pietro di Sorres. Berühmt ist außerdem die *Bernhardiner-Zucht* des Ospizio Gran San Bernardo an der Schweizer Grenze.

Konkordat. Zur Revision der Lateranverträge von 1929 ist 1984 ein neues Abkommen zwischen dem it. Staat u. dem Heiligen Stuhl unterzeichnet worden: Der Katholizismus ist nicht mehr it. Staatsreligion. Die Eltern entscheiden, ob die Kinder in der Schule den Religionsunterricht besuchen. Die Ehe wird nicht mehr von Staats wegen als Sakrament definiert, auch wenn die kirchliche Ehe nach wie vor zivilrechtlich anerkannt bleibt. Der it.

Staat garantiert die Unantastbarkeit des Vatikanstaates (↑ *Vaticano*) u. seines Oberhauptes; Roma darf jedoch nicht mehr die Bezeichnung „heilige Stadt" tragen. Jeder Staatsbürger darf einen Teil seines Einkommens steuerfrei der Kirche spenden; gleichzeitig wird der Heilige Stuhl zum erstenmal in seiner Geschichte verpflichtet, Vermögensgüter u. Einrichtungen innerhalb It.s zu versteuern. ↑ *laicismo*.

Kräuter *der it. Küche.* Aglio (Knoblauch) für die Zubereitung von Fleisch, Fisch, Nudelgerichten u. Gemüse; *alloro* (Lorbeerblatt) für Braten u. Fisch; *basilico* (Basilikum) für Salate u. Soßen wie ↑ *pesto* u. Tomatensoße; *maggiorana* (Majoran) für Soßen u. Füllungen; *menta* (Minze) für Suppen, Wildgerichte, Salate u. Getränke; *origano* für Soßen, ↑ *pizza*, Salat, Fischsuppen; *prezzemolo* (Petersilie) für fast alles; *rosmarino* (Rosmarin) für Braten, kräftige Soßen u. Suppen; *rucola* o. *rughetta* (Rauke) wegen ihres säuerlich-bitteren Geschmackes für Salate; *salvia* (Salbei) für Füllungen, Fleisch- u. Nudelgerichte; *timo* (Thymian) für Fisch- u. Fleischgerichte, mit Soße o. gegrillt.

Kroaten *(Croati).* Die ca. 2200 kroatisch sprechenden Italiener in der Region ↑ *Molise* gelten als Nachfahren griechisch-orthodoxer K., die im 15. Jh. aus Zentraldalmatien vor den Türken geflohen waren.

L

Ladiner *(Ladini).* Ladinergemeinden mit insg. ca. 27 000 Menschen gibt es in den Dolomitentälern der Provinzen Belluno, Bozen u. Trento (↑ *Trentino-Alto Adige*). Sprachlich werden sie der Rätoromanengruppe der Alpenregion zugeordnet (↑ *Sprache u. Dialekte*).

laicismo, laico. Der it. Laizismus entstand im ↑ *Risorgimento* u. trat für eine eindeutige Trennung zwischen Staat u. Kirche ein, nach dem Motto von Camillo Cavour *Libera chiesa in libero stato* (Freie Kirche in einem freien Staat). Laizistische Ideen vertreten heute Republikaner, Liberale u. Radikale, während Sozialisten u. Kommunisten eher Kompromißbereitschaft mit der katholischen Kirche zeigen, so wie sie auch dem alten u. neuen ↑ *Konkordat* zugrunde liegt.

lasagne *fpl.* ↑ pasta.

latte macchiato ↑ caffè.

lattuga. Salat; *lattuga romana:* Salat mit breiten, langen, zarten Blättern.

Lazio ist eine dichtbesiedelte Region (gut 5 Mio. E., 17,2 km²), zu einem Großteil Hügel- u. Bergland *(Terminillo* 2213 m, *M. Simbruini* 2158 m, *M. Ernici)* mit von NO nach SW ausgerichteten Tälern, durch die kalte Nordwinde strömen. Mildes Klima herrscht dagegen in den ehemaligen Sumpfgebieten des *Agro Pontino* u. des *Agro Romano*, in denen intensiv ↑ *Obst* u. ↑ *Gemüse* angebaut werden, v. a. Zucchini u. Melonen, auch Nüsse, Auberginen, grüne Bohnen, Paprika, ↑ *Zitrusfrüchte*, ↑ *Wein*, u. wo in zunehmendem Maße Schafe, Milchkühe u. Büffel gezüchtet werden (typ. ↑ *Käse*sorten: *caciotta* u. *ricotta romana*.

Ciociarìa (nach den Hirtenschuhen *ciocia*), die Landschaft im von Zweitausendern umgebenen Tal des Flusses Sacco (Zentrum Frosinone), ist durch den Film „Und dennoch leben sie" von V. de Sica mit Sophia Loren nach der Erzählung von Moravia (s. u.) bekannt geworden.

Hauptfaktoren der Wirtschaft der Region sind der öffentliche Dienst u. der private Dienstleistungssektor, v. a. in der Landes-, Regions- u. Provinzhauptstadt Roma (fast 3 Mio E.). Roma ist Sitz der gesamten staatl. Verwaltung, der Regionalverwaltung, Provinz- u. Stadtverwaltung u. von 4 Universitäten (die älteste 1303 gegr.), ferner von Vertretungen aller Nationen, mit denen It. u. der ↑*Vaticano* diplomatische Beziehungen unterhalten, sowie von Vertretungen nationaler u. internationaler Gesellschaften u. Institutionen. Hier erscheinen neben mehreren nationalen o. überregionalen ↑*Zeitungen* auch „Daily American" u. „The Rome Daily American" sowie „Olimpico", die Sporttageszeitung für Stadt u. Region. In der *Cinecittà* (↑*Film*) befindet sich auch der größte Teil der Filmindustrie.

Dank der Investitionen der ↑*CASMEZ* sind in den Provinzen Latina u. Frosinone südl. von Roma einige mittlere Pharma-, Elektronik- u. Milchwirtschaftsbetriebe entstanden. Im Handwerk dominiert die Bekleidungsbranche (↑*altamoda*), außerdem Möbelherstellung u. -restaurierung. Zum Kunsthandwerk zählen die Majolika in Arpino (FR), die Terracottavasen in Civita Castellana u. Tarquinia (VT) u. nicht zuletzt die Devotionalien in Roma.

Provinzhauptstädte sind Frosinone, Latina, Rieti u. Viterbo, wo es auch eine erst 1983 gegründete kleine Universität gibt, eine weitere befindet sich seit 1964 in Cassino (FR). In L. werden zwei Varianten des Dialektsystems *Mediano* (↑*Sprache u. Dialekte*) u. eine des *Meridionale Intermedio* gesprochen.

Zeitgenöss. Autoren aus u. über L.: E. Morante (1918–1985), P. P. Pasolini (1922–1975), A. Moravia (geb. 1907), D. Bellezza (geb. 1944), C. Cassola (geb. 1917), E. Gadda (1893 bis 1973), V. Cardarelli (1887–1959), A. M. Ortese (geb. 1915), A. Savinio (1891–1952), T. Landolfi (1908 bis 1979). ↑*Regionen,* ↑*Provinzkennzeichen,* ↑*musica classica,* ↑*musica leggera,* ↑*Museen,* ↑*Klöster,* ↑*Folklore-Veranstaltungen,* ↑*Olivenöl,* ↑*carbonara,* ↑*bruschetta,* ↑*stracciatella,* ↑*Naturschutzgebiete,* ↑*Bomarzo,* ↑*energia nucleare.*

LC, *Lotta Continua.* ‚Der Kampf geht weiter'; die Partei der extremen Linken wurde auf der Basis des *Movimento Studentesco* (↑*MS*) gegen die reformatorische Politik des PCI (↑*Parteien*) 1969 von jungen Arbeitern, Studenten u. Intellektuellen gegründet; der Parteiname ist von der gleichnamigen Wochenzeitung abgeleitet, die dann Tageszeitung wurde. Seit der Wahl 1976 ist L. ein Wahlbündnis mit der DP (↑*Parteien*) eingegangen.

legumi. Hülsenfrüchte wie Bohnen, Erbsen, Kichererbsen (*ceci*), Linsen, Saubohnen (*fave*). ↑*Gemüse.*

lesso. Gekochtes Rindfleisch.

liberazione. ‚Befreiung'; Zwischen dem 19. u. 25. April 1945 wurden Bologna, Genova, Torino u. Milano vom ↑*fascismo* u. von der dt. Wehrmachtsbesatzung befreit, u. zwar durch die Partisanen des ↑*CLNAI*, das sich am 23. April 1945 für einen allgemeinen Aufstand in Norditalien ausgesprochen hatte. ↑*resistenza*, ↑*Feiertage*.

LID, *Lega per l'Istituzione del Divorzio.* Die it. Liga für Ehescheidung leistete Aufklärungsarbeit für die Verabschiedung des Ehescheidungsgesetzes 1970 u. setzte sich sehr aktiv gegen das (erfolglose) Referendum zur Abschaffung des Ehescheidungsgesetzes 1974 ein.

lido. Einfacher Strand o. Strand mit Umkleidekabinen, die man für die Badesaison mieten kann.

Lido di Venezia. Stadtteil von Venezia.

Liga Veneta ↑Parteien.

Liguria. Das kleine, zu den am dichtesten besiedelten ↑*Regionen* It.s zählende Ligurien (5,4 km², 1,8 Mio. E.) ist ein waldreiches Berg- u. Hügelland (*Saccarello* 2200 m). Klimatisch bedeutsam ist die nach Norden durch den *Appennino* geschützte Lage, typisch sind der kalte *Maestrale* aus NW u. die warmen Winde *Scirocco* (feucht) u. *Libeccio* (trocken) aus S.

Die Natur- u. Kulturlandschaft *Le Cinque Terre* (Fünf Länder) bei La Spezia, deren fünf Küstendörfer Monterosso al Mare, Vernazza, Corniglia, Manarola, Riomaggiore bis 1874 nur zu Fuß o. vom Meer aus erreichbar waren, ist berühmt durch ihre in jahrhundertelanger Arbeit angelegte Terrassenlandschaft mit Rotu. Weißweinanbau (↑*Wein*).

Auch für die Anlage von Olivenhainen sind große Teile der ligurischen Landschaft in Terrassenplantagen umgestaltet worden. Wichtigste Bereiche der Landwirtschaft heute sind jedoch Blumenzucht (*Riviera dei Fiori* bei San Remo, IM) u. Frühgemüseanbau in Treibhausanlagen.

Die starke Entwicklung der Industrie verdankt L. v. a. der historischen Hafenstadt Genova, um deren Hafen *Cornigliano* Schwerindustrie (Stahlwerke, Chemie, Petrochemie für Plastik, Seife, Farben, Düngemittel) u. zahlreiche Werften angesiedelt sind. Genova ist auch Provinz- u. Regionshauptstadt, eine der ältesten it. Universitätsstädte (1471) u. Erscheinungsort der Regionalzeitungen „L'Avvisatore Marittimo", „Il Lavoro Nuovo", „Il Secolo XIX", außerdem der größte Warenhafen u. der zweitgrößte Passagierhafen It.s. Wichtige Hafenstädte sind auch die beiden Provinzhauptstädte La Spezia (auch Militärhafen) u. Savona. Die vierte Provinzhauptstadt Imperia ist Produktionszentrum für ↑*Olivenöl* u. Teigwaren (↑*pasta*). Hafenwesen u. starker Tourismus sind die Ursache für einen außerordentlich ausgeprägten Dienstleistungssektor, das Bruttosozialprodukt ist um ein Drittel höher als im Landesdurchschnitt, die Arbeitslosigkeit ist relativ niedrig.

Einheitliche Regionalmundart ist das *Ligure*, das zum System *Gallo Italico* gehört (↑*Sprache u. Dialekte*). Zeitgenöss. Autoren aus u. über L.:

E. Montale, Nobelpreisträger für Literatur (1896–1981), I. Calvino (1923–1985), E. Sanguineti (geb. 1930). ↑*Provinzkennzeichen*, ↑*Naturschutzgebiete*, ↑*Museen*, ↑*Klöster*, ↑*musica classica*, histor. ↑*Festspiele*, ↑*triangolo industriale*, ↑*Zeitungen*, ↑*trenette*, ↑*farinata*, ↑*pesto*.

linguine ↑pasta.

LIPU, *Lega Italiana Protezione Uccelli.* It. Verband zum Schutz der Vögel.

Lira. It. Währung seit 1862. Es gibt Münzen im Wert von 1 L., 5, 10, 20, 50, 100, 200 u. 500 L. u. Banknoten im Wert von 500, 1000, 2000, 5000, 10000, 20000, 50000 u. 100000 L. Lira-DM-Wechselkurs 1988: 1000 L. = ca. 1,35 DM. 1960 erhielt man im Durchschnitt für 1 DM 148,8 L., 1965: 156,4 L., 1970: 172,0 L., 1975: 265,5 L., 1980: 502,9 L., Anfang 1988: 740,7 L. Z. Zt. wird die Einführung einer *L. nuova* o. *L. pesante* (Neue L. o. Schwere L.) vorbereitet: 1000 (alte) L. = 1 Neue L. = 100 Centesimi (Cent.).

Literatur – die Klassiker. *Duecento* (13. Jh.): Ursprungssprache der it. L. ist das *Volgare* (Volkssprache), wie es als Sprache der Dichtung im Laufe des *Duecento* entwickelt wurde am Hof von Federico II. in Palermo mit Pier della Vigna (ca. 1190–ca. 1249), in Umbria mit Francesco d'Assisi (1181–1226) u. Jacopone da Todi (1236?–1306), in Bologna mit dem literarischen Kreis *Dolce Stil Novo* um Guido Guinizelli (1230/40–1276?), Guittone d'Arezzo (1230?–1294),

Guido Cavalcanti (ca. 1255–1300) in Firenze, Cino da Pistoia (1265/70–1336/37) und mit Cecco Angiolieri (1260–ca. 1312) aus Siena. An diese Voraussetzungen anknüpfend postulierte Dante Alighieri (1265–1321) mit dem Werk *De Vulgari Eloquentia*, aus dem *Volgare* als Amts- u. Kultursprache das *Volgare Illustre* zu entwikkeln; erst mit *La Divina Commedia* (Die Göttliche Komödie) gelang ihm dies vollkommen. Außerdem Marco Polo (1254–1324), *Il Milione* (Der Milione), Bericht über seine Reise nach China.

Trecento (14. Jh.): Francesco Petrarca (1304–1373), *Canzoniere* (Das Buch der Lieder), Giovanni Boccaccio (1313–1375), *Il Decamerone* (Das Dekameron).

Quattrocento (15. Jh.): *Umanesimo* (Humanismus), in Volgare. *Dichtung:* Luigi Pulci (1432–1494), *Il Morgante* (Morgante), Poliziano alias Angelo Ambrogini (1454–1494), *Favola d'Orfeo* (Das Fest des Orpheus). Für die *Prosa:* Leonardo da Vinci (1452–1519), *Del moto e misura dell' acqua* (Über Bewegung und Messung des Wassers).

Cinquecento (16. Jh.): *Prosa:* Pietro Bembo (1470–1547), *Gli Asolani* (Asolaner Gespräche) u. *Prose della volgar lingua* (Über die Volkssprache), Baldassare Castiglione (1478–1529), *Il libro del cortegiano* (Das Buch vom Hofmann), Giovanni della Casa (1503–1556), *Il galateo* (Galateus), Benvenuto Cellini (1500–1571), *Vita* (Lebensbeschreibung). *Komödien:* Ruzzante alias Angelo Beolco (1502–1542), *La Fiorina* (Das Spiel um Fiore) und *La Moschetta* (Die Moschetta). *Dichtung:* Ludovico Ariosto (1474–1533), *Orlando Furioso* (Der rasende Roland), Torquato Tasso (1544–1595), *La Gerusalemme liberata* (Das befreite Jerusalem), die Gedichtbände der Dichterinnen Vittoria Colonna (1490–1547), Veronica Gàmbara (1485–1550), Gaspara Stampa (1523–1554) sowie von Michelangelo Buonarroti (1475–1654). *Politik, Geschichte, Kunstkritik:* Niccolò Machiavelli (1469–1527), *Il Principe* (Der Fürst), Francesco Guicciardini (1483–1540), *La historia di Italia* (Die Geschichte Italiens), Giorgio Vasari (1511–1574), *Le vite de'più eccellenti architetti, pittori et sculptori italiani da Cimabue insino a'tempi nostri* (Lebensgeschichten der hervorragendsten italienischen Architekten, Maler und Bildhauer von Cimabue bis in unsere Zeit). *Seicento* (17. Jh.): *Barocco. Prosa:* Giambattista Basile (1575–1632), *Lo cunto de li cunti* (Die Erzählung der Erzählungen), Giordano Bruno (1548–1600), *La cena de le ceneri* (Das Aschermittwochsmahl), Tommaso Campanella (1568–1639), *La Città del sole* (Die Sonnenstadt), Galileo Galilei (1564–1642), *Il Saggiatore* (Die Goldwaage). *Dichtung:* Giambattista Marino (1569–1625), *L'Adone* (Adonis), Alessandro Tassoni (1565–1635), *La secchia rapita* (Der geraubte Eimer). *Settecento* (18. Jh.): ↑*Arcadia:* Hauptvertreter ist Metastasio alias Pietro Trapassi (1698–1782), mit Melodramen wie *Attilio Regolo* (Attilius Regolus) u. *Didone abbandonata* (Die verlassene Dido). *Illuminismo* (Aufklärung). *Dichtung:* Giuseppe Parini (1729–1799), *Il Giorno* (Der Tag); *Prosa:* Cesare Beccarìa (1738–1794), *Dei delitti e delle pene* (Über Verbre-

chen und Strafen); Carlo Goldoni (1707–1793) als Erneuerer der ↑*Commedia dell'Arte; Literaturkritik:* Gasparo Gozzi (1713–1786), *Giudizio degli antichi poeti...* (Urteil der antiken Poeten...); *Geschichte:* Ludovico Antonio Muratori (1672–1750), *Annali d'Italia* (Annalen Italiens); *Philosophie:* Giambattista Vico (1668–1744), *Principi di una scienza nuova* (Grundzüge einer neuen Wissenschaft). *Neoclassicismo* (Neoklassizismus). *Dichtung:* Vittorio Alfieri (1749–1803), Tragödien wie *Saul* (Saul), *Bruto Primo* (Brutus der Erste), Ugo Foscolo (1778–1827), *Dei Sepolcri* (Von den Gräbern), Vincenzo Monti (1754–1828), *Caio Gracco* (Caius Graccus).

Ottocento (19. Jh.): *Romanticismo* (Romantik). *Dichtung* u. *Prosa*: Giacomo Leopardi (1798–1837), *Canti* (Lieder); *Operette Morali* (kleine moralische Werke); Alessandro Manzoni (1785–1873), *I promessi sposi* (Die Verlobten), Goffredo Mameli (1827–1849), Autor der heutigen ↑*Nationalhymne „Fratelli d'Italia"*, Niccolò Tommaseo (1802–1874), *Il Dizionario della lingua italiana* (Das Wörterbuch der italienischen Sprache). *Roman:* Massimo d'Azeglio (1798–1866), *Ettore Fieramosca*, Tommaso Grossi (1790–1853), *Marco Visconti*, Ippolito Nievo (1831–1861), *Le confessioni d'un italiano* (Die Bekenntnisse eines Italieners), Silvio Pellico (1789–1854), *Le mie prigioni* (Meine Gefängnisse). ↑*Verismo* um Luigi Capuana (1839–1915), *Il Marchese di Roccaverdina* (Der Marchese von Roccaverdina) u. Giovanni Verga (1840–1922), *I Malavoglia* (Die Malavoglia) u. *Mastro Don Gesualdo*, Federico De Roberto (1866–1927), *I viceré* (Die Vizekönige), Matilde Serao (1856–1927), *Il ventre di Napoli* (Der Bauch von Neapel), Grazia Deledda, Nobelpreisträgerin für Literatur (1871–1936), *Elias Portolu*, Emilio de Marchi (1851–1901), *Il cappello del prete* (Der Hut des Pfarrers). *Dialektdichter:* Giuseppe Gioacchino Belli (1791–1863) in römischer und Carlo Porta (1776–1821) in Mailänder Mundart. *Kinder- u. Jugendliteratur:* Edmondo De Amicis (1848–1908), *Cuore* (Herz); Carlo Collodi alias Lorenzini (1826–1890), *Le avventure di Pinocchio* (Pinocchios Abenteuer). *Dichter um die Jahrhundertwende:* Giosuè Carducci, Nobelpreisträger (1835–1907), *Odi Barbare* (Barbarische Oden), Giovanni Pascoli (1855–1912), *Canti di Castelvecchio* (Gesänge von Castelvecchio), Gabriele d'Annunzio (1863–1938), *Laudi del cielo* (Lobpreisungen des Himmels). *Novecento* (20. Jh.) bis zur Republik (1946): *Romanciers:* Gabriele d'Annunzio (s. o.), *Il Piacere* (Lust), Massimo Bontempelli (1878–1960), *Vita e morte di Adria e dei suoi figli* (↑*Strapaese*), Antonio Fogazzaro (1842–1911), *Piccolo Mondo Antico* (Die Kleine Welt unserer Väter), Filippo Tommaso Marinetti (1876–1944), Gründer des ↑*Futurismo*, Oriani Alfredo (1852–1909), *La rivolta ideale* (Die Empörung des Ideals), Curzio Malaparte alias Kurt Erich Suckert (1898–1957), *Kaputt* u. *La Pelle* (Die Haut), Aldo Palazzeschi alias Aldo Giurlani (1885–1974), *Il Codice di Perelà* (Das Gesetzbuch des Perelà), Giovanni Papini (1881–1956), *Un uomo finito* (Ein erledigter Mensch), Guido Piovene

(1907–1974), *Viaggio in Italia* (Achtzehnmal Italien), Italo Svevo alias Ettore Schmitz (1861–1928), *La coscienza di Zeno* (Zeno Cosini), Federigo Tozzi (1883–1920), *Il podere* (Das Anwesen). *Lyriker.* ↑*Crepuscolare:* Dino Campana (1885–1932), *Canti Orfici*, Vincenzo Cardarelli (1887–1959), *Poesie*, Umberto Saba alias Umberto Poli (1883–1957), *Il Canzoniere* (Das Buch der Lieder); ↑*Ermetismo:* Giuseppe Ungaretti (1888–1970), *Vita d'uomo*. (Leben eines Menschen), die Nobelpreisträger für Literatur Salvatore Quasimodo (1901–1968), *La vita non è un sogno* (Das Leben ist kein Traum) u. Eugenio Montale (1896–1981), *Ossi di Seppia* (Die Knochen des Tintenfisches) sowie Libero de Libero (geb. 1906), *Tutte le poesie*, Alfonso Gatto (1909–1976), *Poesie*, Mario Luzi (geb. 1914), *Tutte le poesie*, Vittorio Sereni (1913–1983), *Diario d'Algeria* u. Leonardo Sinisgalli (1908–1981), *Vidi le Muse* (Ich sah die Musen). *Theater:* Gabriele d'Annunzio (s. o.), *La figlia di Iorio* (Die Tochter des Iorio), Luigi Pirandello (1867–1936), *Il fu Mattia Pascal* (Die Wandlungen des Mattia Pascal), Pier Maria Rosso di San Secondo (1887–1956), *Marionette, che passione!* (Marionetten, welche Leidenschaft!), Ugo Betti (1892–1953), *Corruzione al palazzo di giustizia* (Korruption im Justizpalast), Edoardo De Filippo (1900–1985), *Filomena Marturana* (Philomena Marturano), Dario Fo (geb. 1926), *Mistero Buffo*. Kinder- u. Jugendliteratur: *Gianni Rodari* (1920–1980), *Le avventure di Cipollino* (Cipollinos Abenteuer).

Klassiker der zeitgenössischen Literatur (s. a. bei den einzelnen ↑*Regio-*

nen). *Prosa:* Corrado Alvaro (1895–1955), *Gente in Aspromonte* (Die Hirten von Aspromonte), Riccardo Bacchelli (1891–1985), *Il Mulino del Po* (Die Mühle am Po), Vitaliano Brancati (1907–1954), *Il bell'Antonio* (Schöner Antonio), Dino Buzzati (1906–1972), *Il deserto dei Tartari* (Die Tartarenwüste), Italo Calvino (1923–1985), Trilogia: *Il cavaliere inesistente/Il visconte dimezzato/Il barone rampante* (Der Ritter, den es nicht gab/Der geteilte Visconte/Der Baron auf den Bäumen), Emilio Cecchi (1895–1933), *America amara* (Bitteres Amerika), Fausta Cialente (geb. 1898), *Le quattro ragazze Wieselberger* (Die Schwestern Wieselberger), Giovanni Comisso (1895–1969), *Gente di mare* (Leute vom Meer), Beppe Fenoglio (1922–1963), *La paga del sabato* (Eine feine Methode), Carlo Emilio Gadda (1893–1973), *La cognizione del dolore* (Die Erkenntnis des Schmerzes), Natalia Ginzburg (geb. 1916), *Tutti i nostri ieri* (Alle unsere Jahre), Francesco Jovine (1902–1950), *Le terre del Sacramento* (Die Äcker des Herrn), Carlo Levi (1902–1975), *Cristo si è fermato a Eboli* (Christus kam bis Eboli), Giuseppe Marotta (1902–1963), *L'oro di Napoli* (Das Gold von Neapel), Elsa Morante (1918–1985), *La Storia*, Alberto Moravia (geb. 1907), *Gli Indifferenti* (Die Gleichgültigen), Pier Paolo Pasolini (1922–1975), *Le ceneri di Gramsci* (Gramscis Asche, Lyrik) u. *Una vita violenta* (Vita violenta, Prosa), Cesare Pavese (1908–1950), *La luna e i falò* (Junger Mond) u. *Poesie* (Gedichte), Enrico Pea (1881–1958), *La Maremma* (Die Maremma), Vasco Pratolini (geb. 1913), *Cronache di*

poveri amanti (Chronik armer Liebesleute), Giuseppe Prezzolini (1882–1982), *The legacy of Italy* (Das Erbe der italienischen Kultur), Pier Antonio Quarantotti Gambino (1910–1965), *La vita calda* (Heiße Jugend), Leonardo Sciascia (geb. 1921), *Il giorno della civetta* (Der Tag der Eule), Rocco Scotellaro (1923–1953), *L'uva puttanella*, Ignazio Silone (1900–1978), *Fontamara*, Mario Tobino (geb. 1910), *Le brace dei Biassoli* (Signora Maria), Giuseppe Tomasi di Lampedusa (1896–1957), *Il Gattopardo* (Der Leopard), Elio Vittorini (1908–1966), *Il garofano rosso* (Die rote Nelke). *Lyrik:* Attilio Bertolucci (geb. 1911), *La capanna indiana*, Sandro Penna (1906–1977), *Poesie* (Qual und Entzücken), Giacomo Noventa (1898 bis 1960), *Versi e Poesie*, Andrea Zanzotto (geb. 1921), *IX Ecloghe*. Lyriker aus ↑*Gruppo 63*: Nanni Balestrini (geb. 1935), *Poesie Pratiche 1954–1969*, Alfredo Giuliani (geb. 1924), *Povera Juliet e altre poesie*, Elio Pagliarani (geb. 1927), *La ragazza Carla e nuove poesie*, Antonio Porta alias Leo Palazzi (geb. 1935), *Quanto ho da dirvi, poesie 1958–1975*, und Edoardo Sanguineti (geb. 1930), *Postkarten, poesie 1972–1977*. Zu den Vertretern der jüngsten Literaturgeneration der 80er Jahre, die schon auf einen gewissen Bekanntheitsgrad außerhalb It.s rechnen können, zählen: Stefano Benni (geb. 1947), Ferdinando Camon (geb. 1935), Carlo De Andrea (1952), Daniele del Giudice (geb. 1949) u. Antonio Tabucchi (geb. 1943).

Literaturkritik. Francesco De Sanctis (1817–1883) schrieb die erste literatur-

kritische Abhandlung der it. ↑ *Literatur, Storia della letteratura italiana.*
Unter ihrem Einfluß wurde die Literaturkritik des *Novecento* fortgesetzt von Benedetto Croce (1866–1952), *Letteratura della Nuova Italia*, Attilio Momigliano (1883–1952), *Storia della letteratura italiana*, Luigi Russo (1891–1961), *La critica letteraria contemporanea*, Francesco Flora (1891–1962), *Storia della letteratura italiana*, Natalino Sapegno (geb. 1901), *Compendio di storia della letteratura italiana* u. Alberto Asor Rosa (geb. 1933) *Sintesi di storia della letteratura italiana.*

Literaturpreise *(Premi letterari).* Die Geschichte der it. L. hat ihren Anfang 1927 in der Mailänder Künstler- u. Literatenkneipe *Trattoria Bagutta;* seitdem wird jährlich der *Premio Bagutta* verliehen. Der *Premio Viareggio* (LU, seit 1929) wird jährlich in drei Varianten vergeben: *Premio Viareggio, Viareggio-Versilia* u. *Viareggio-Presidente.* Von den zahllosen L., die jeden Sommer von Mäzenen o. Institutionen vergeben werden, hier die bedeutendsten: *Premio Strega* (↑ *Strega*, Roma seit 1947) *Premio Bancarella*, Pontremoli (MS), *Premio Campiello* (VE), *Premio Campione*, Campione (CO), *Premio Comisso* (Treviso), *Premio Modello* (PA), *Premio Monza* für Kinder- u. Jugendliteratur (MI) u. *Premio Forte dei Marmi (LU)* für politische Satire. Der ↑ *Präsident der Republik* vergibt *La penna d'oro* (Die goldene Feder).

LL PP, *Lavori Pubblici*, Öffentliche Arbeiten; wird oft als Abkürzung für das *Ministero dei Lavori Pubblici* (↑ *Ministerien*) verwendet.

LOC ↑ Organisationen.

Lombardia. Die L. (23,8 km²) ist mit fast 9 Mio. E. die am dichtesten besiedelte it. Region, zum einen Teil alpines Bergland (*Bernina* 4050 m, *Adamello* 3544 m, *Disgrazia* 3678 m) mit den Seen *Lago Maggiore, L. di Como, L. d'Iseo, L. di Garda*, zum anderen fruchtbare Ebene (*Pianura Padana*, der *Po* u. sein Einzugsgebiet).

Drei, auch historisch bedeutsame Landschaften sind zu erwähnen: die *Valtellina (Veltlin,* ↑ *Wein)*, das größte Tal der L., Sammelbecken des Flusses *Adda*, wo im Sommer 1987 eine Hochwasserkatastrophe zur Entstehung eines neuen Alpensees führte, wurde nach langen Kämpfen erst 1859 endgültig an das Königreich It. angeschlossen; die Schwemmlandebene *Lomellina* im NW von Pavia, deren in Jahrhunderten ausgebautes Kanalsystem den optimalen Anbau von Getreide, v. a. Reis (seit 1470!, ↑ *riso*) ermöglicht; die seenreiche Hügellandschaft *Brianza* südl. des *Lago di Como*, eines der reichsten Gebiete It.s, da sich hier während des ↑ *miracolo economico* zahllose Betriebe ansiedelten, seit der Giftgaskatastrophe von Séveso (1976) ist ihr Ruf allerdings geschädigt.

Niedrige Arbeitslosigkeit u. das um ein Drittel über dem Landesdurchschnitt liegende Bruttosozialprodukt sprechen für den Reichtum der Region: Ausgehend vom Norden (billige Wasserkraft) haben sich überall kleine u. mittlere Betriebe aller Industrie- u. Technologiezweige angesiedelt, außerdem einige große Konzerne wie Pirelli (Gummi u. Kabel), ↑*Montedison* (petrochem. Produkte) u. ↑*FIAT* (LKW-Bau). Die Landwirtschaft in den Ebenen ist vollkommen industrialisiert (v. a. Weichweizen u. Mais, auch Rinder- u. Schweinezucht) u. an eine ausgedehnte, exportorientierte Nahrungsmittelindustrie angeschlossen.

Die Tourismusbranche floriert, ebenso die Bereiche Finanzen, Versicherungen, Handel, Zeitungen u. Verlage, Kultur, deren Metropole die Provinz- u. Regionalhauptstadt Milano ist (1,6 Mio E., Börse, ↑*Fiera Campionaria*, 5 Universitäten).

Die übrigen Provinzhauptstädte sind Bergamo, Brescia (beide seit 1968 bzw. 1982 mit Universität), Pavia (1361 gegr. Universität), Como, Cremona, Mantova, Sandrio, Varese.

Das Handwerk wurde weitgehend zum Kunstgewerbe: Waffen u. Geschirr im *Val Trompia*, Intarsienmöbel in der *Brianza*, Seidenverarbeitung u. Stoffdruck in Como u. Geigenbau in Cremona (beide seit dem 16. Jhd.).

Neben mehreren in ganz It. verbreiteten ↑*Zeitungen*, die alle in Milano erscheinen, gibt es in L. eine Reihe von Tageszeitungen auf Regions- o. Provinzebene: „L'Eco di Bergamo", „Bergamo oggi" u. „Giornale di Bergamo", „Brescia oggi" u. „Il giornale di Brescia", „L'Ordine" u. „La Provincia di Como e Lecco" (CO), „La Prealpina" (VA), „La Gazzetta di Mantova", „La Provincia di Cremona", „La Provincia Pavese".

Die Mundart *Lombardo* gehört zum System *Gallo-Italico* (↑ *Sprache u. Dialekte*) u. wird in einer östlichen, einer westlichen u. einer alpinen Variante gesprochen, nur das Gebiet *Pavia Voghera* gehört zum *Emiliano;* außerdem gibt es kleine Gemeinden von ↑*Roma*. Zeitgenöss. Autoren aus u. über L.: P. Chiara (geb. 1913), C. Castellaneta (geb. 1930), C. E. Gadda (1893–1973), G. Manganelli (geb. 1922), M. Lucio (geb. 1930), E. Pagliarini (geb. 1927), A. Vigevani (geb. 1918), Camilla Cederna (geb. 1921), A. Arbasini (geb. 1930), L. Malerba (geb. 1927). ↑*Regionen,* ↑*Provinzkennzeichen,* ↑*Parlament,* ↑*Museen,* ↑*Literaturpreise, histor.* ↑*Festspiele,* ↑*Klöster,* ↑*Naturschutzgebiete,* ↑*Pasqua,* ↑*altamoda,* ↑*Cariplo,* ↑*energia nucleare,* ↑*pasta,* ↑*Käse,* ↑*musica classica,* ↑*polenta,* ↑*Schinken u. Wurst.*

lonzi. Rindergulasch aus Ochsenschwanz mit Fleischteilen aus dem Kopf u. den Lefzen, typ. für Toscana, nicht zu verwechseln mit *lonza* (↑*Schinken u. Wurst)!*

Lotta Continua ↑Parteien, ↑Organisationen.

lottizzazione. Parzellierung; Proporzsystem der Koalitionsparteien zur Verteilung von Regierungsfunktionen u. -ämtern (↑*sottogoverno*) sowie von Führungsposten in allen Bereichen der Finanzen u. der Wirtschaft, der Kultur u. Information sowie des Sozialwesens, die mittelbar o. unmittelbar durch die ↑ *Participazioni Statali* (↑*Ministerien*) staatl. Eigentum sind.

lotto. Das Lottospiel geht auf die Wahl der Senatoren der Stadt Genova im Jahr 1547 zurück, als die Ämter ausgelost wurden u. die Bürger dar über Wetten abschlossen. Heute gibt es in It. 10 Lotterien, die *ruote* („Räder'), in Bari, Cagliari, Firenze, Genova, Milano, Napoli, Palermo, Roma, Torino u. Venezia.

Lucania ↑Basilicata.

luganega ↑Schinken u. Wurst.

M

maccheroni ↑pasta.

Macchiaioli. Malergruppe in der Toscana in der zweiten Hälfte des 19. Jh., darunter Giovanni Fattori (1825 bis 1908), Silvestro Lega (1826–1895), Telemaco Signorini (1835–1901) u. Raffaello Sernesi (1838–1866). Sie setzten die *macchia* („Fleck') von Farben, Licht u. Schatten als zentrale Einheit ihrer ↑*Malerei.*

macchia mediterranea. Landschaft mit sehr dichter, verwachsener, niedriger Mittelmeervegetation aus Büschen u. Sträuchern, wie Mastixbaum *(lentisco),* Myrte *(mirto),* Wacholder *(ginepro),* Rosmarin *(rosmarino,* ↑*Kräuter)* Lavendel *(lavanda),* Salbei *(salvia),* Ginster *(ginestra),* Lorbeerschlinge *(lentaggine),* Brombeeren *(rovo)* u. a. aus niedrigen Bäumen wie Erdbeerbaum *(corbezzolo)* u. Steineiche *(leccio),* in der Mitte auch höheren Bäumen wie Pinien u. Eichen der verschiedensten Sorten. Prächtige m. m. ist noch in der *Maremma* (↑*Toscana),* um die Etna (↑*Naturschutzgebiete)* u. auf ↑*Sardegna* erhalten geblieben.

macedonia. Obstsalat.

mafia. Als Geheimbund zum Schutz der Privilegien der Landadligen war die M. schon um 1820 auf Sicilia tätig. Nach der Einigung It.s 1860 wandelte sich die M. infolge des Mißtrauens breiter Bevölkerungsschichten gegenüber der neuen Staatsgewalt aus dem Norden allmählich in eine Organisation der Unterdrückung mit straffem inneren Aufbau u. Schweigepflicht *(omertà),* die sowohl von den *mafiosi* als auch vom sozialen Umfeld respektiert werden mußte. Nach einer Zwangspause während des ↑*fascismo* organisierte sie sich sofort nach dem 2. Weltkrieg neu u. begann im Zuge der ↑*ricostruzione* u. des ↑*miracolo economico* auch außerhalb der Insel tätig zu werden: traditionelle Kontrolle der Märkte in einigen sizilianischen Städten, Prostitution, Schmuggel, Eintreiben von Schutzgeldern (↑*tangente),* Korruption von Politikern, staatliche Aufträge im öffentlichen Bauwesen, Einfluß im Glücksspiel- u. Vergnügungsgeschäft, Drogenhandelsnetz mit dem Nahen Osten, Menschenraub zur Kapitalbeschaffung. Die Arbeit der 1962 eingerichteten ständigen *Commissione Parlamentare sul Fenomeno della Mafia* (Parlamentsausschuß zum Mafia-Phänomen, auch *Commissione Antimafia)* brachte keinen nennenswerten Erfolg in der Bekämpfung der M.: Im Laufe der 70er Jahre wurde die M. zu einem Industrieunternehmen mit politischer Deckung, so daß es jenen Vertretern der sizilianischen Justiz, die der M. u. der Korruption den Kampf angesagt haben (einige davon wie der Gerichtspräsident Rocco Chinnici, der Staatsanwalt Ciaccio Montauro o. der Oberst Mario d'Aleo haben ihren

Kampf mit dem Leben bezahlt), nun fast unmöglich ist, Beweise zur kriminellen Herkunft des Investitionskapitals zu erbringen. Auch der 1982 vom Ministerium des Inneren als Hochkommissar gegen die M. entsandte General Carlo Alberto dalla Chiesa wurde bereits am 3. 9. 1982 in Palermo ermordet. Das Antimafia-Kommissionsmitglied Pio La Torre, der das Gesetz gegen Vermögensbildung aus M.-Herkunft vorbereitete, wurde zur selben Zeit umgebracht. Trotz des gnadenlosen Machtkampfes unter den einzelnen M.-Familien um die Verteilung neuer „Investitionsgebiete" wie Waffen- u. Drogenhandel hält die M. an ihrem inneren Aufbau fest: die *cosca* (Gruppe von *mafiosi*) bildet die Basis der Organisation, entweder von einem *mafioso* allein o. von einer *famiglia* geleitet. Die einzelnen Familien bilden die *onorata società* (Ehrenwerte Gesellschaft), die mit internen Abkommen die M.-Geschäfte untereinander regelt. 1986 bisher größter Antimafia-Prozeß, der in Palermo in einem eigens dafür errichteten Gebäude mit dem „reumütigen" *capofamiglia* (Familienoberhaupt) Masino Buscetta als Kronzeuge gegen die restlichen Vertreter der *onorata società* begonnen hat. ↑*camorra*, ↑*'ndràngheta*.

maggiorana ↑Kräuter.

magistratura democratica ↑*psichiatria democratica*

Malerei *(pittura)* des 20. Jh. Haupttendenzen sind ↑*Futurismo; Pittura Metafisica:* von Giorgio De Chirico (1888 bis 1978) u. Carlo Carrà (1881–1966) in den 20er Jahren entwickelt, um die direkte Wahrnehmung der Realität zu überwinden, indem Objekte in magische Räume gesetzt wurden; *Pittura Fascista:* Darstellung der Errungenschaften des ↑*fascismo* in naturalistischer Weise; ab 1940 (*Concretismo Astratto* unter dem Einfluß der europ. abstrakten M.) Renato Birolli (1906–1956), Emilio Vedova (geb. 1919), Antonio Corpora (geb. 1909); in der Nachkriegszeit *Realismo Sociale,* Renato Guttuso (1912–1986) mit „Die Landnahme" o. dem Kriegs- u. Widerstandszyklus „Gott mit uns". Außerdem haben einzelne Künstler wie Amedeo Modigliani (1884–1920), Giorgio Morandi (1890–1964), Franco Gentilini (1909–1981), Giuseppe Capogrossi (1900–1972), Alberto Burri (geb. 1915) u. a. die it. M. dieses Jahrhunderts mitgeprägt.

Manifesto, Il ~ ↑Parteien.

maraschino. Kirschschnaps aus der Kirschsorte Marasca mit 32% Alkohol.

Marche (9,7' km², 1,4 Mio E.) ist ein reines Berg- u. Hügelland (*Priora* 2332 m, *Vettore* 2476 m), dessen Klima im Winter von den Nordwinden *Bora* u. *Maestrale,* im Sommer von *Scirocco* u. dem Landwind *Garbino* bestimmt wird.

Die Wirtschaft der Region ist vielfältig u. flexibel strukturiert: In der Landwirtschaft werden Getreide, Oliven, Zuckerrüben u. ↑*Wein* zunehmend von ↑*Gemüse* u. ↑*Obst* (v. a. Trauben) zurückgedrängt. Traditionell ist die Schweine- u. Rinderzucht mit entsprechender Futtermittelproduktion u. Fleischverarbeitung. Zahlreiche *porti-canali* (Hafenkanäle) ermöglichen ausgedehnten Fischfang (an 4. Stelle in It.). Industrielle u. handwerkliche Unternehmen reichen von den Werften in Ancona u. dem Erdölterminal in Falconara (AN) über die traditionelle Papierherstellung in Fabriano (AN) bis zur Produktion von Ziehharmonikas (Castelfidardo, AN), Lederwaren, Textilien, Haushaltsgeräten, kleinen Motorrädern, Möbeln; die Frauen setzen die Tradition des Klöppelns fort.

In der Regions- u. Provinzhauptstadt Ancona erscheint die regionale Tageszeitung „Corriere Adriatico", 1969 wurde hier auch eine Universität gegründet. Die übrigen Provinzhauptstädte sind Ascoli Piceno sowie Macerata u. Pesaro–Urbino, die schon seit 1290 bzw. 1506 eine Universität haben. Eine weitere befindet sich in Camerino (MC), gegr. 1336.

Im Norden, im Zentrum u. im Süden der M. werden verschiedene Dialekte gesprochen, die zu den Systemen *Gallo-Italico, Mediano* bzw. *Meridionale Intermedio* der it. Mundarten gehören (↑*Sprache u. Dialekte*). Zeitgenöss. Autoren aus u. über M.: M. Franco (geb. 1916), P. Volponi (geb. 1924), L. Bigiaretti (geb. 1909), G. Bonura (geb. 1934), A. Giulani (geb. 1924), U. Betti (1892–1953). ↑*Regionen*, ↑*Provinzkennzeichen*, ↑*musica classica*, ↑*Volksmusikinstrumente*, ↑*Museen*, ↑*Klöster*, ↑*Naturschutzgebiete*, ↑*Pasqua*, histor. ↑*Festspiele*, ↑*pasta*.

marille *fpl.* ↑*pasta*.

marsala *m.* Dessertwein aus Marsala, Sicilia: *m. riserva* mit 10jähriger Lagerzeit in Eichenfässern, *m. vergine* DOC (↑*Wein*) mit 5jähriger Lagerzeit, *m. superiore* DOC (2 Jahre) u. *m. fine* DOC (1 Jahr). M. kann *dolce* (lieblich) o. *secco* (trocken) sein. Führende Marken: Florio, Whitaker.

mascarpone ↑Käse.

maso. Bauernhof in der Region Trentino-Südtirol. *m. chiuso:* ‚geschlossener m.', aufgrund einer Anordnung von Kaiserin Maria Theresia v. Österreich war die Aufteilung eines m. durch Erbschaft untersagt worden.

MEC, *Mercato Comune Europeo.* Gemeinsamer Europäischer Markt.

menta ↑Kräuter.

meridionalizzazione *f.* Meridionalisierung; Theorie, nach der die *Meridionali* (Süditaliener) allmählich die Oberhand im gesamten staatl. Apparat gewinnen, weil infolge der inneritalienischen Wanderung von Süden nach Norden während des *miracolo economico* viele Süditaliener in Norditalien in den damals schlecht bezahlten Staatsdienst traten, so daß heute einige von ihnen dort leitende Funktionen innehaben. Dagegen wehren sich Regionalbewegungen wie die *Liga Veneta* (↑*Parteien*) u. die *Liga Piemontesa*.

Mezzogiorno. Sozioökonomische Bezeichnung für die südl. ↑*Regionen* It.s einschließl. ↑*Abruzzi* u. ↑*Molise* sowie der südlichen Provinzen ↑*Lazios*, Frosinone u. Latina (↑*CASMEZ*).

Milano–San Remo, la~ *f.* Diese Etappe gilt seit 1907 als die klassische Saisoneröffnung des Radsports in It.

millefiori *m.* Gelber Kräuterlikör (45 % Alkohol).

millefoglie *m.* ‚Tausend Blätter'; Kuchen aus geschichtetem u. gefülltem Blätterteig.

Mille Miglia *f.* ‚Tausend Meilen' war 1927–1957 mit Start und Ziel in Brescia das größte Rennen für Sportwagen in It.

MINCOMES, *Ministero del Commercio con l'Estero.* Außenhandelsministerium.

Ministerien. Von den z. Z. 28 M. entfallen 20 auf folgende Strukturbereiche: 1. Arbeit u. Sozialfürsorge, 2. Außenhandel, 3. Auswärtiges Amt, 4. Finanzen, 5. Forst- u. Landwirtschaft, 6. Gesundheitswesen, 7. Handelsmarine, 8. Haushalts- u. Wirtschaftsplanung, 9. Industrie, Handel u. Handwerk, 10. Inneres, 11. Justiz, 12. Kulturgüter u. Umwelt, 13. öffentliche Arbeiten, 14. öffentliches Unterrichtswesen, 15. Post- u. Fernmeldewesen, 16. Schatzwesen, 17. Staatliche Beteiligungen, 18. Tourismus u. Veranstaltungen, 19. Transport u. Luftfahrt, 20. Verteidigung. Die restlichen 8 M. ohne Geschäftsbereich *(senza ↑portafoglio)* sind in folgenden Bereichen tätig: 1. Sonderinterventionen in Süditalien, 2. Wissenschaftliche Forschung, 3. Beziehungen zum Parlament, 4. Öffentlichkeitsaufgaben, 5. Regionale Angelegenheiten, 6. Koordinierung der Europäischen Gemeinschaftspolitik, 7. Koordinierung des Zivilschutzes, 8. Umweltfragen. Je nach Aufgabengebieten sind die M. mit Geschäftsbereich in Generaldirektionen *(direzioni generali)* untergliedert u. mit Staatssekretären *(sottosegretari)* versehen. Die Zahl der M. ohne Geschäftsbereich sowie der Staatssekretäre wird als Stabilisator für das politische Gleichgewicht innerhalb der Koalition eingeplant.

miracolo economico. ‚Wirtschaftswunder' ist die Bez. für den Zeitraum 1959–1962 mit jährlicher Wachstumsrate des ↑*PIL* von 6 %.

MLD ↑Organisationen.

MM, *Marina Militare.* Marine (↑*EI*).

Mode ↑altamoda

Molise. Die nach Val d'Aosta kleinste it. Region (4,4 km², 330' E.) ist ein dünnbesiedeltes, niederschlagsarmes Berg- u. Hügelland (*Monti della Meta* 2241 m, *Miletto* 2050 m), in dem die typ. Küstenwinde *Bora*, *Maestrale* u. *Scirocco* u. der Landwind *Gabino* wehen.

Über ein Drittel der Bevölkerung ist in der Landwirtschaft beschäftigt, die nur für die Selbstversorgung der Region Getreide, Gemüse, Obst, Kartoffeln u. Oliven produziert. Während alte Handwerkstraditionen noch lebendig sind – Kupfer- u. Eisenverarbeitung, Herstellung von Messern u. Scheren, Keramik, die berühmten Glocken aus Agnone, Klöppelarbeiten in der Provinz Isernia –, steckt die Industrialisierung erst in den Kinderschuhen (Erschließung eines Erdgasfeldes bei Larino, ↑FIAT-Modellanlage in Termoli, CB). Es gibt wenig Tourismus. Das Bruttosozialprodukt von M. beträgt nur etwa zwei Drittel des Landesdurchschnitts.

Regions- u. Provinzhauptstadt ist Campobasso, zweite Provinzhauptstadt ist Isernia. Eine regionale Zeitung gibt es nicht, lediglich Molise-Beilagen in anderen regionalen ↑Zeitungen des Südens.

Das *Molisano* ist ein selbständiger Bereich im System *Meridionale-Intermedio* der it. Mundarten (↑*Sprache u. Dialekte*). Außerdem leben in der Provinz Campobasso ↑*Kroaten*, v. a. in den Gemeinden San Felice, Acquaviva Collocroce u. Montemitro, u. albanischsprechende Minderheiten (↑*Albaner*) in Montecilfone, Portocannone u. Ururi. Bekanntester Autor aus M. ist F. Jovine (1902–1950). ↑*Regionen*, ↑*Provinzkennzeichen*, ↑*Parteien*, ↑*Mezzogiorno*, ↑*Wein*, ↑*Museen*, ↑*Jahrmärkte*.

monocolore *m.* ‚einfarbig'. Provisorische Minderheitsregierung der DC (↑*Parteien*), die von denjenigen Parteien unterstützt wird, die zur selben Zeit Koalitionsgespräche mit der DC führen.

montasio ↑Käse.

MONTEDISON, *Montecatini Edison*. Gesellschaft, 1966 durch Fusionierung der *Montecatini* (seit 1888, Chemiekonzern) mit der *Edison* (seit 1884, führend in der Stromerzeugung, Verstaatlichung 1962) gegründet, 1968 von den staatl. Konzernen ↑*ENI* u. ↑*IRI* übernommen. Zur M. gehö-

ren z. B. Carlo Erba u. Farmitalia (Pharmazie), Montefibre (Textilien), Alivar (Lebensmittel) u. ↑*STANDA* (Handel). Um eine Trennung der staatl. von der privaten chemischen Produktion zu erreichen, ist seit 1987 eine volle Reprivatisierung der M. durch Ferruzzi vollzogen worden.

Montenegro. Der von dem Dichter Gabriele d'Annunzio (↑*Literatur*) vielgelobte ↑*amaro*.

mortadella ↑Schinken u. Wurst.

mostra ... ↑Jahrmärkte u. Verkaufsausstellungen.

Movimento 85 ↑Organisationen.

Movimento federativo democratico ↑Organisationen.

MPL, *Movimento Politico dei Lavoratori*. Die Politische Arbeiterbewegung wurde als Nachfolgeorganisation der ↑*ACPOL* 1970 gegründet, um die katholische Linke zu erfassen. Der MPL löste sich 1973 auf, die meisten Mitglieder traten in den PSI (↑*Parteien*) ein.

MS, *Movimento Studentesco*. Die Studentenbewegung entstand in It. 1967 als Reaktion auf die veraltete Form der parteigebundenen studentischen Vertretungen (↑*FUCI*, ↑*FUAN-Caravella*), für Demokratisierung der Universität u. Erneuerung der Gesellschaft ein, gegen die klassischen linken ↑*Parteien* wie PCI u. PSI. Führer: Oreste Scalzone in Roma u. Mario Capanna in Milano (DP). 1973 Spaltung in mehrere Gruppierungen,

Gründung von kurzlebigen linken Parteien, z. B. *Movimento dei Lavoratori per il Socialismo* (1976, Arbeiterbewegung für den Sozialismus). ↑*LC,* ↑*Potere Operaio.*

MSI-DN, *Movimento Sociale Italiano-Destra Nazionale* ↑Parteien.

mugnaia, alla ~ . Müllerin Art.

Museen, Galerien, Pinakotheken. Die Bezeichnung eines Museums *(museo),* einer Galerie *(galleria)* o. einer Pinakothek *(pinacoteca)* ist systematisch so aufgebaut, daß sie durch Beiwörter Auskunft über Inhalt, Einzugsgebiet u. Zweck der Institution vermittelt. Während der Inhalt durch Beiwörter wie *archeologico, storico, diocesano, botanico* u. a. beschrieben wird, läßt sich an einem zweiten Beiwort wie *nazionale, regionale, provinciale, civico* o. *comunale* ablesen, wie die M., G. o. P. auf Landesebene eingestuft sind. *Nazionale* bezeichnet z. B. nicht das territoriale Einzugsgebiet, es ist Hinweis auf die Besonderheit der Institution, auf ihre nationale Bedeutung, wie z. B. beim *Museo Nazionale Falisco di Civita Castellana* (VT), das 1978 mit dem Auftrag gegründet wurde, die Kultur der Falisker um Civita Castellana zwischen dem 10. u. 3. Jh. v. Chr. zu erforschen.

Seit der Dezentralisierung der Kulturkompetenzen auf Regionalebene 1970 werden ständig neue Stadt-, Provinz- u. Regional-M., -G. u. -P. gegründet o. neu organisiert, die sich nun als Zentren der Kulturforschung für Stadt u. Region verstehen, Kontakte mit den schulischen Institutionen herstellen u. sich z. T. um die didaktische Präsentierung ihrer Bestände bemühen.

Jede mittlere Stadt It.s verfügt über ein *museo civico* o. *comunale* (Stadtmuseum), eine *galleria* o. *pinacoteca civica* o. *comunale* (Städt. Galerie u. Städt. Kunstsammlung), die meistens in einem historischen Palazzo untergebracht sind. Manchmal tragen sie einen Namen, wie z. B. das *Museo Civica D. Inzaghi di Budrio* (BO), um an den Gründer zu erinnern. Nach wie vor sind jedoch folgende Großstädte wichtige Zentren für die klassischen Bereiche der Kunst- u. Kultursammlung und deren Pflege: Bologna mit ca. 27 Institutionen, Firenze mit ca. 70, Genova mit ca. 19, Milano mit ca. 26, Napoli mit ca. 29, Roma mit ca. 100, Torino mit ca. 24, Venezia mit ca. 29.

Bedeutende *Stadt-, Provinz- u. Regional-M., -G. u. -P.* (z. T. mit dem Etikett „*Nazionale*"). Abruzzi: M. Naz. d'Abruzzo (AQ); Basilicata: M. Naz. Domenico Ridola di Matera; Calabria: M. Naz. di Reggio Calabria; Campania: M. del Sannio di Benevento, M. Correale di Sorrento (NA); Emilia Romagna: Collezioni Comunali d'Arte di Bologna; Friuli-Venezia Giulia: Civico M. di Storia ed Arte e Orto Botanico di Trieste; Liguria: G. di Palazzo Bianco, G. di Palazzo Rosso di Genova; Lombardia: P. Civica Tosio Martinengo di Brescia, M. Civico di Mantova, Musei Civici di Pavia; Marche: G. N. delle Marche di Urbino; Piemonte: M. Civico di Novara, M. Civico Francesco Borgogna di Vercelli; Puglia: P. Provinciale di Bari; Sicilia: M. Civico del Castello Ursino di Catania; Toscana: P. Civica di

San Gimignano (SI); P. Naz. di Siena; Trentino-Alto Adige: M. Civico di Rovereto (TR); Umbria: G. N. dell'Umbria di Perugia, M. Civico di Spoleto (PG); Sardegna: G. Comunale d'Arte di Càgliari; Veneto: M. Civico di Padova, M. Civico Correr di Venezia.

Musei archeologici (Archäologische M.) u. museo di antichità (Altertumsmuseen), Auswahl. Calabria: M. Arch. Naz. di Reggio Calabria; Campania: M. Arch. Naz. di Napoli, M. Arch. Naz. di Paestum; Friuli-Venezia Giulia: M. Arch. Naz. di Aquileia (UD); Emilia Romagna: M. Etrusco Pompeo Aria di Marzabotto (BO), M. Naz. di Antichità di Ravenna; Marche: M. Naz. delle Marche di Ancona; Lazio: M. Naz. Etrusco di Villa Giulia, M. Naz. Romano di Roma, M. Naz. di Tuscania (VT); Puglia: M. Naz. di Taranto; Toscana: M. Arch. di Firenze; Umbria: M. Arch. Naz. dell'Umbria in Perugia; Sardegna: M. Arch. Naz. e Pinacoteca di Càgliari. Sicilia: M. Arch. Naz. di Siracusa; Veneto: M. Arch. di Venezia.

Zone archeologiche (Ausgrabungsstätten). Basilicata: Z. A. di Metaponto (MT); Calabria: Z. A. di Sibari (CS); Campania: Z. A. di Pompei (NA); Lazio: Z. A. I Fori Imperiali di Roma, Villa Adriana di Tivoli, bei Roma; Lombardia: Z. A. delle Grotte di Catullo, bei Sirmione (BS); Puglia: Z. A. Canne della Battaglia (BA); Sardegna: Das ↑*Nuraghi*-Gelände von Barumini (CA); Sicilia: Valle dei Templi di Agrigento, Villa Romana del Casale, bei Piazza Armerina (EN).

Musei storici (Historische M.). Da historische Dokumente sowohl in Ar-chäologie- u. Altertumsmuseen als auch in Stadt-, Provinz- u. Regionalmuseen aufbewahrt werden, sind die rein historischen M. weniger verbreitet u. beschränken sich in der Regel auf eine bestimmte Periode der it. Geschichte, mit Vorliebe auf das ↑*Risorgimento* als Geburtsepoche des zeitgenössischen It. Ein *Museo del Risorgimento* gibt es z. B. in Napoli: M. Naz. di San Martino, auf der Insel Caprera (SS) und in Pisa: Domus Mazziniana.

Musei diocesani (Diözesanmuseen). In der Regel beschränkt sich ein *m. diocesano* auf religiöse Kunst u. die Geschichte der Diözese u. ist Eigentum des jeweiligen Ordinariats, wie z. B. das M. D. di Rossano (CS) mit dem weltberühmten *Codex Purpureus Rossanensis* o. das M. Paleocristiano Naz. di Aquileia (VD).

Museo dell'opera del duomo (M. des Dombaus). Diese Art von M. dokumentiert die Baugeschichte bedeutender Dome u. Kirchen, z. B. M. di San Petronio in Bologna, das M. del Duomo in Salerno, Milano, Firenze, Prato (FI), Lucca u. Orvieto (TR) o. das M. di San Marco in Venezia.

Musei d'Arte, Gallerie e Pinacoteche nazionali (Kunstmuseen, Nationalgalerien u. -pinakotheken). Campania: G. dell'Accademia delle Belle Arti u. M. e G. Naz. di Capodimonte in Napoli; Emilia-Romagna: G. Comunale d'Arte Moderna, P. Naz. in Bologna, G. Estense in Modena, G. Naz. in Parma; Lazio: G. Doria Pamphili, G. Naz. d'Arte Antica, G. Naz. d'Arte Moderna, Musei Capitolini u. P.M. e G. Borghese in Roma«; Liguria: G. Naz. di Palazzo Spinola in Genova; Lombardia: Cenacolo Vinciano

(Leonardo da Vinci's „Abendmahl"), Civica G. d'Arte Moderna, Fondazione Artistica Poldi Pezzoli, P. di Brera in Milano; Piemonte: G. Civica d'Arte Moderna in Torino; Sicilia: Civica G. d'Arte Moderna Empedocle Restivo in Palermo; Toscana: G. d'Arte Moderna, G. degli Uffizi, G. dell'Accademia in Firenze, P. N. in Lucca; Camposanto Monumentale u. M. delle Sinopie in Pisa; Veneto: Collezione Guggenheim, G. dell'Accademia, G. Internazionale d'Arte Moderna in Venezia.

Musei della scienza e della tecnica. (Naturwissenschaftliche u. technische M.). Bologna: M. d'Arte Industriale e G. Davia; Catania: M. di Vulcanologia; La Spezia: M. Tecnico Navale; Milano: M. Civico di Storia Naturale, M. Naz. della Scienza e della Tecnica Leonardo da Vinci; Taranto: M. Oceanografico dell'Istituto Talassografico.

Palazzi reali (Königliche Paläste) können in folgenden Städten besichtigt werden: Torino, Napoli u. Caserta. – *Musei Egizi (Ägyptische M.)* von internationaler Bedeutung gibt es nur in Torino u. im ↑ *Vaticano.*

Die *Case Natali (Geburtshäuser)* wurden als Gedenkstätten o. als Museen eingerichtet für: *Vittorio Alfieri* (Tragödiendichter) in Asti, *Dante Alighieri* (Dichter) in Firenze, M. in Ravenna, *Vincenzo Bellini* (Komponist) Nationalmuseum in Catania, *Giovanni Boccaccio* (Dichter) in Certaldo (FI), *Michelangelo Buonarroti* (Maler, Bildhauer u. Lyriker) in Caprese Michelangelo (AR), *Giosuè Carducci* (Lyriker) in Valdicastello Carducci (LU), M. in Bologna, *Gabriele d'Annunzio* (Dichter) in Pesca-

ra, M. „Il Vittoriale" in Gardone Riviera (BS), *Grazia Deledda* (Schriftstellerin) in Nuòro, *Fortunato Depero* (Maler) in Vereto (TR), *Gaetano Donizetti* (Komponist), M. in Bergamo, *Galileo Galilei* (Wissenschaftler u. Schriftsteller) Domus Galiliana in Pisa, *Giuseppe Garibaldi* (Nationalheld) auf der Insel Caprera (SS), *Beniamino Gigli* (Opernsänger) in Recanati (MC), *Giotto* (Maler) bei Vespignano (FI), *Carlo Goldoni* (Komödienautor) in Venezia, *Leonardo da Vinci* (Maler u. Wissenschaftler) in Vinci (FI), *Giacomo Leopardi* (Lyriker) in der P. Comunale von Recanati (MC), *Giovanni Pascoli* (Lyriker) in San Mauro di Romagna (FO), *Alessandro Manzoni* (Lyriker u. Romancier) Nationalmuseum in Milano u. Villa Coleotto bei Lecco (CO); *Luigi Pirandello* (Theaterautor u. Regisseur) bei Agrigento u. in Rom, *Giacomo Puccini* (Komponist) in Lucca, *Rafaello Sanzio* (Maler) in Urbino (PS), *Arturo Toscanini* (Komponist u. Dirigent) in Parma, *Giorgio Vasari* (Maler u. Kunsthistoriker) in Arezzo.

Landeskundemuseen. Nach einem Erlaß des ↑ *Präsidenten der Republik* von 1977, der die Befugnisse der Regionen im Bereich der „Museen und der Bibliotheken örtlicher Körperschaften" endgültig festlegte, entstanden in allen Regionen zahlreiche kleine M. im Bereich der regionalen u. lokalen Handwerker- u. Bauernkultur *(civiltà contadina)* sowie für Volkskunst u. -brauchtum *(arti e tradizioni popolari).* Abruzzi: M. delle Tradizioni Popolari e della Civiltà Contadina in Paglietta (CH); Calabria: M. Calabrese di Etnografia e Folclore in Palmi (CZ); Campania:

M. della Carta (Papiermuseum) in Amalfi (SA), das berühmte M. Naz. della Ceramica Duca di Martina in Napoli; Emilia-Romagna: M. della Civiltà Contadina Romagnola in Cesena (FO); Friuli-Venezia Giulia: M. Friulano delle Arti e Tradizioni Popolari in Udine; Liguria: M. Storico degli Spaghetti (Historisches Spaghetti-Museum) in Pontedassio (IM); Lombardia: M. Etnografico della Valle Brembana in Zogno (BG), M. della Sete (Seidenmuseum) in Garlate (CO), M. del Lino (Leinenmuseum) in Pescaròlo ed Uniti (CR); Marche: M. delle Arti e Tradizioni Popolari in Sassoferrato (AN),; Molise: M. della Zampogna (Dudelsäcke) in Scapoli (CB); Piemonte: M. del Cappello (Hüte) in Alessandria, M. dell'Arredamento (Einrichtungen) in Nichelino (TO), M. dell'Agricoltura del Piemonte in Venaria (TO); Puglia: M. della Civiltà Contadina in Sammichele di Bari (BA); Sardegna: Casa-Museo Da Domu de' Farra (Mehlhaus) in Quartu Sant'Elena (CA); Sicilia: M. Etnografico siciliano Pitré (nach dem Gründer u. Volkskundler Giuseppe Pitré) in Palermo, M. Internazionale delle Marionette in Palermo, M. Etnografico del Carretto Siciliano (Bauernwagen) in Terrassini (PA); Toscana: M. del Tessuto (Webarbeiten) in Prato (FI); Trentino-Südtirol: M. degli Usi e Costumi della Provincia di Bolzano (Sitten u. Bräuche) in Bruneck, M. dell'Istituto Culturale Ladino (↑*Ladiner*) in Vigo Fassa (TN); Umbria: M. del Vino (Wein) in Torgiano (PG); Val d'Aosta: M. dell'Arredamento Valdostano (Einrichtungen) in Fénis (AO); Veneto: M. del Merletto (Klöppelarbeiten) in Burano

(VE), M. dell'Arte Vetraria (Glaskunst) in Murano (VE).

musica classica. Klassische Musik; die weltberühmte it. Musiktradition ist auch in den 80er Jahren durch international anerkannte Künstler, durch Festspiele u. Institutionen lebendig.

Künstler: Die *cantanti lirici* (Opernsänger) werden z. Z. von dem lyrischen Tenor Luciano Pavarotti u. dem lyrischen Sopran Mirella Freni (geb. 1935) angeführt. *Compositori* (Komponisten): Luciano Berio (geb. 1925), Giorgio Federico Ghedini (1892–1965), Luigi Dallapiccola (1904–1975), Bruno Maderna (1920–1973, auch Dirigent), Gian Carlo Menotti, geb. 1911, gründete 1958 das *Festival dei Due Mondi di Spoleto* (PG, Festival beider Welten, s. u.), Luigi Nono (geb. 1924) u. Goffredo Petrassi (geb. 1904). *Direttori d'orchestra* (Dirigenten): Claudio Abbado (geb. 1933), Gianluigi Gelmetti (geb. 1945), Carlo Maria Giulini (geb. 1914), Riccardo Muti (geb. 1941) u. Giuseppe Sinopoli (geb. 1946). *Solisti* (Solisten): die Pianisten Arturo Benedetti Michelangeli (geb. 1920) u. Maurizio Pollini (geb. 1942), der Violinist Salvatore Accardo (geb. 1942), der Flötist Severino Gazzelloni (geb. 1919), ferner I Musici di Roma, Streichorchester, gegründet 1952, u. a.

Opernhäuser u. Festspielorte: Neben weltberühmten Opernhäusern wie La Scala di Milano, La Fenice di Venezia, Il San Carlo di Napoli, L'Opera di Roma o. L'Arena di Verona u. a. haben sich überall in It. in den letzten 20 Jahren Nebenschauplätze für klassische Musik durchgesetzt. *Campania:* Festival Pianistico di Amalfi (SA, Juli–September) Festival Musicale di Ravello (SA, Juli); *Friuli-Venezia Giulia:* Rassegna Musicale Medievale di Duino (TS, Juli), Festival dell'Operetta di Trieste (Juni–August); *Lazio:* Festival Musicale di Sermoneta e Priverno (LT, Juni––Juli), Stagione Lirica alle Terme di Caracalla di Roma (Juli–August), Festival di Musica Barocca di Viterbo (Juni–Juli); *Liguria:* Festival di Musica da Camera di Cervo (IM, Juli–September); *Lombardia*: Festival Pianistico Bergamo-Brescia (Juni), Festival del Teatro Musicale di Sabbioneta (MO, Anfang September); *Marche*: Stagione Lirica allo Sferisterio di Macerata (Juli–August), Rossini Opera Festival di Pesaro (August–September); *Piemonte:* Settembre Musica di Torino (September), Le Settimane Musicali di Stresa (NO, August/September); *Puglia:* Festival della Valle d'Itria di Martina Franca (TA, Juli–August); *Sicilia:* Taormina Arte di Taormina (ME, Juli–September); *Toscana:* Gran Premio Polifonico di Arezzo (August); Maggio Musicale di Firenze (Mai–Juni), Musicus Contentus di Firenze (Juli), Estate Fiesolana (Fiesole, FI, Juni–August), Festival Musicale di Marlia (LU, Juli–August), Festival Pucciniano di Torre del Lago (LU, Juli–August), Cantiere d'Arte di Montepulciano (SI, Juli–August); *Umbria:* Sagra Musicale Umbra di Perugia (September), Festival delle Nazioni di Musica da Camera di Città di Castello (PG, August–September), Festival dei Due Mondi di Spoleto (PG, Juni–Juli); *Veneto*: Incontri di Musica da Camera di Asolo (TV, September), Festival della Musi-

ca di Venezia (September), La Stagione della Fenice di Venezia (Juni–September), Festival dell'Opera Lirica di Verona (Juli–September), Festival Mozartiano di Vicenza (Juni–Juli).

musica leggera. Die Unterhaltungsmusik hat sich seit dem ersten Schlager-Festival in San Remo 1951 zu einem Kulturbetrieb mit beachtlichem Ausmaß entwickelt. Jährliche Höhepunkte sind z. B. das Festival della Canzone Napoletana, Festival di San Remo, Canzonissima (Fernsehsendung), Cantagiro (nat. Wettbewerb), Festivalbar (Wahl der besten Schlager der Saison durch 25000 Jukeboxes, Abschlußveranstaltung in der Arena di Verona). Schlagersänger (*cantanti*) der ersten Generation (1950–60): Nilla Pizzi, Luciano Tajoli, Claudio Villa und Domenico Modugno; nach 1960: Adriano Celentano (↑*Film*), Gianni Morandi, Gigliola Cinquetti, Massimo Ranieri u. Gruppen wie Dik-Dik, Equipe 84, Ricchi e Poveri u. Matia Bazar. An der Grenze zwischen Schlagersängern u. Liedermachern: Milva, Mina, Ornella Vanoni, Claudio Baglioni, Lucio Battisti, Teresa de Sio u. Alice.

Auch die Liedermacher (*cantautori*) lassen sich in zwei Generationen einteilen; ab 1960: Luigi Tenco, Gino Paoli, Bruno Lauzi, Fabrizio de Andrè, Enzo Jannacci u. Giorgio Gaber mit poetischem Gehalt der Lieder als Abgrenzung zur *canzonetta* ('Schlager'); Generation nach der 68er Bewegung, sozial engagierte Lieder mit literarischem Anspruch: Angelo Branduardi, Paolo Conte, Lucio Dalla, Francesco De Gregori, Francesco Guccini u. Roberto Vecchioni. Für die Liedermacher findet in San Remo (IM) jährlich die *Rassegna della Canzone d'Autore Tenco* statt. Eine Sonderstellung haben der Neapolitaner Pino Daniele mit seinen dreisprachigen Blues (ein Neapolitanisch-Italienisch u. das Amerikanisch der Marines auf dem Nato-Stützpunkt von Pozzuoli, NA) sowie Edoardo Bennato u. Gianna Nannini als Vertreter des Italian-Rock.

Volksliedersänger *(cantanti di canzoni popolari)*: Maria Carta für Sardegna, Il duo di Piadena für die Pianura Padana (Veneto), Gabriella Ferri für Lazio, Desy Lumini für die Toscana, NCCP alias Nuova Compagnia del Canto Popolare, Eugenio Bennato u. Concetta Barra für die Campania, Otello Profazio für Calabria u. Sicilia u. Dino Sarti für die Emilia-Romagna. ↑*cantastorie*, ↑*Jazz*.

Muslim ↑Religion.

N

NAP ↑Organisationen.

NAR, *Nuclei Armati Rivoluzionari.* Die revolutionären bewaffneten Gruppen verfolgten ab 1969 eine Strategie der Spannung zur Herbeiführung eines faschistischen Staatsstreiches in It. Nach Bombenanschlägen auf eine Bank (Milano 1969), auf linke Demonstranten (Brescia 1974), auf Züge (1974), zuletzt auf den Bahnhof von Bologna (1980) waren 1983 483 Rechtsterroristen, zum größten Teil NAR-Angehörige, in Sicherheitsgefängnissen inhaftiert. ↑*BR.*

Natale *msg.* Weihnachten. Typisch für die Weihnachtszeit war für die it. Familie früher der Aufbau der Krippe. Nach dem Zweiten Weltkrieg hat sich immer mehr der Weihnachtsbaum mit dem *Babbo Natale* (Weihnachtsmann) durchgesetzt. Mit einem *Presepio Vivo* (lebendige Krippe) wird N. in Revine Lago (TV), Assisi (PG) und Rivisondoli (AQ) gefeiert.

Nationalhymne. Die N. *Fratelli d'Italia* (Brüder Italiens), 1847 von dem Dichter u. Kämpfer für die it. Einheit (↑*Risorgimento*) Goffredo Mameli (1827–1849) geschrieben u. von Michele Novaro (1822–1885) vertont, ist in Inhalt und Musik sehr mit ihrer Entstehungszeit verbunden, so daß heute immer wieder die Frage nach einer neuen N. aufgeworfen wird.

Naturschutzgebiete. Die N. It.s sind in folgende Kategorien unterteilt: 1) *Parco nazionale* (Nationalpark), *Parco regionale* (Regionalpark), *Parco naturale* (Naturpark), *Parco di...* (Park von); 2) *Riserve naturali statali* (staatl. N.), darunter *Riserva naturale integrale* (Integrales N.), *Riserva naturale orientata* (Orientiertes N.) u. *riserve particolari* (Schutzgebiete mit besonderen Zielen); 3) *Zone umide* (Feuchtgebiete) internationaler Bedeutung u. *Biotopi.*

Nationalparks: *Parco Nazionale del Gran Paradiso*, gegr. 1922, ca. 70000 ha Alpengebiet im Grenzbereich der Provinzen Aosta u. Torino an der Grenze zum französischen Parc National de la Vanoise mit 57 Gletschern u. 5 Tälern: Valle di Rhemes, Valsavaranche, Valle di Cogne, Valle di Locana u. Valle Soana. Reiche Pflanzen- u. Tierwelt, Alpenblumen wie Edelweiß, Alpengarten in Paradisia bei Cogne (AO). Alpenfauna: Steinbökke, Gemsen, Hermeline, Königsadler. Zufahrtsmöglichkeiten: aus der Provinz Aosta über Cogne, Arvier u. Rhemes Notre-Dame; aus dem Canavese (↑*Piemonte*) über Courgné u. Ceresole Reale. – *Parco Nazionale dello Stelvio* (Nationalpark am Stilfser Joch), gegr. 1935, ca. 135000 ha im Zentralgebiet der Alpen in den Provinzen Sondrio u. Brescia sowie Trento u. Bozen, mit Teilbereichen der Täler Valtellina, Valcamonica, Val Venosta u. Val di Sole. Reiche Pflanzen- u. Tierwelt: u. a. Rotkiefern (Abete Rosso) u. einige Piniensorten (Pino Rosso, Pino Mugo u. Pino Silvestre); Alpentiere: Rehe, Hirsche, Gemsen, Steinböcke, Königsadler, Schlangen wie die Marasso (Vipera berus). Zufahrtsmöglichkeiten: von der A4 über Tirano-Bormio (SO), von der A22 über Mezzolombardo–Clés–Malé (TN), von Bozen aus über Merano–Silandro (BZ) u. aus der Val Venosta über Malles Venosta. – *Parco Nazionale d'Abruzzo,* gegr. 1922, ca. 40000 ha (hinzu kommt eine geschützte Fläche von 60000 ha um den Park herum). Gebirgige Landschaft um den Ort Pescasseroli (AQ), über 2000 m hoch mit den Quellen der Flüsse Sangro u. Melva in der Provinz L'Aquila. Reiche Pflanzen- u. Tierwelt. 1200 Arten von höheren Pflanzen; unter den Blumen Enzian u. Marsica-Lilien; die Tierwelt setzt sich aus 40 Arten von Säugetieren, Braunbären aus der Marsica, Gemsen, Hirsche, Wölfe, 300 Vogelarten (darunter Königsadler

u. Habichte, Accipiter gentilis) u. 30 Arten von Schlangen u. Wassertieren zusammen, u. a. die sog. Vipera degli Orsini. Zufahrtsmöglichkeiten: von der A24 über Pescina–Gioia dei Marsi u. Pescasseroli (AQ); von der A2 über Frosinone–Sora o. San Vittore (FR) u. Venafro (CB). – *Parco Nazionale del Circeo,* gegr. 1934 mit einer Fläche von 8400 ha, südlich von Latina, um die Ortschaft Sabaudia, zwischen der tyrrhenischen Küste u. dem Agro Pontino. Umfaßt die vier Küstenseen Fogliano, Monaci, Caprolace u. Paola; mit einem Strand von 30 km Länge u. seit 1979 der Insel Zannone. Die Pflanzenwelt ist durch die ↑*macchia mediterranea* geprägt. Bei den Tieren findet man u. a. Wildschweine u. Damhirsche, Wanderfalken u. den Stelzenläufer „Cavaliere d'Italia", auf Zannone leben einige Mufflons u. Gemsen. Zufahrtsmöglichkeiten: von der Via Appia o. Via Pontina über Latina o. Sabaudia und von der A2 über Frosinone–Priverno. – *Parco Nazionale della Calabria,* gegr. 1968, setzt sich aus folgenden drei Gebieten zusammen: 7000 ha in der Sila Grande bei Longobucco (CS), 5700 ha in der Sila Piccola (CZ) u. 3300 ha um den Gipfel des Aspromonte (RC). Die ersten 2 Gebiete sind Hochebenen in 1000 bis knapp 2000 m Höhe mit Nadel- u. Laubwäldern; wenige Tierarten wie die Sila-Wölfe, einige Arten von Schlangen wie die Vipera Aspis von Hugy. Bei Fallistro, Camigliatello Silano (CS) befinden sich die *Giganti della Sila* (↑*Bäume*). Zufahrtsmöglichkeiten: von der A3 über Cosenza u. Camigliatello Silano (CS); von der ionischen Küste über Longobucco; von Catanzaro über Taverna

(CZ) in die Sila Piccola; von der A3 über Scilla–Gambarie (RC).

Naturparks: *Parco Naturale dell'Etna*, gegr. 1981. Vulkanische Landschaft mit einer Fläche von 60 000 ha, nördlich von Catania, die bes. um die zwei Etna-Hauptbereiche *Il Trifoglietto* u. *Mongibello* mit ihren 350 Seitenkratern erhalten werden soll. Bes. Pflanzenwelt: *macchia mediterranea*, Feigenkaktus, Agaven, Feigenbäume, Johannisbrotbäume, in den höheren Zonen der Etna der Zürgelbaum von Tournefort, der auf dem Balkan u. in der Türkei zu Hause ist. Stark reduzierte u. einfache Tierwelt. Als örtliche Legende der *Castagno dei Cento Cavalli* (Kastanienbaum der 100 Pferde), unter dessen Schatten schon Königin Giovanna von Anjou mit 100 Rittern rastete (↑ *Bäume*). Zufahrtsmöglichkeiten: von der A18 über Taormina, Giarre o. Catania–S. Gregorio; aus dem Landesinnern über Adrano. – *Parco Naturale della Maremma*, gegr. 1975; ca. 7000 ha an der tyrrhenischen Küste entlang, südlich von Grosseto, Hügellandschaft *(Monti dell'Uccellina)* mit dem Sumpfgebiet *Paludi della Trappola* an der Mündung des Flusses Ombrone, Viehweiden u. bestellten Feldern. Pflanzenwelt: u. a. *macchia mediterrane;* Tiere: Wildschweine u. Stachelschweine, Vögel wie Kiebitze, Wanderfalken u. der Stelzvogel Cavaliere d'Italia. Zufahrt von der Via Aurelia (bei km 167) über Alberese (GR).

Regionalparks: *Parco Regionale Monte di Portofino,* gegr. 1935. Der 1062 ha große Park umfaßt das Vorgebirge von Portofino (GE) an der steilen ligurischen Küste, das eine Höhe von 610 m erreicht; stark reduzierte

Tierwelt, aber 700 Pflanzenarten: *macchia mediterranea*, verschiedene Pinienarten (Pino d'Aleppo u. a.), Kastanien u. Olivenbäume. Zufahrtsmöglichkeiten: von der A12 über Rapallo–Portofino u. vom Meer über den Hafen von Portofino.

Parks: *Parco del Ticino.* Das Gebiet in der Po-Ebene besteht aus einem lombardischen Teil (18 000 ha, gegr. 1974) u. einem piemontesischen (6250 ha, gegr. 1978), in einer Länge von 85 km zwischen dem Lago Maggiore u. der Mündung des Ticino in den Po. Unter den Pflanzen: Farne u. Reste von Heideland; unter den Vögeln: 5 Kolonien von Reihern, darunter Fischreiher u. Nachtreiher, Habichte aus sumpfartigen Gebieten. Außerdem Wildschweine, Damhirsche, Stinktiere u. die sog. Europa-Hasen. Zahlreiche Zufahrtsmöglichkeiten.

Geplante Nationalparks: meist als Zusammenschluß von schon vorhandenen N., z. B. *Parco Nazionale delle Alpi Marittime* (80 000 ha) in den Provinzen Cuneo u. Imperia, an der Grenze zum französischen Parc National du Mercantour; *Parco Nazionale delle Dolomiti Bellunesi,* 20 000 bis 30 000 ha, davon sind ca. 17 000 bereits als staatl. N. vorhanden; *Parco Nazionale del Tarvisiano* (40 000 ha in der Provinz Udine), darin die integralen N. von Rio Bianco u. Cucco u. der geschützte Regionalwald mit dem Naturpark von Fusine; *Parco Nazionale del Delta Padano,* am Po-Delta im Gebiet der Provinzen Rovigo, Ferrara u. Ravenna, Vereinigung von schon vorhandenen *Riserve Naturali* als Fluß- u. Meeresschutzgebiet; *Parco Nazionale dei Monti Sibillini,* gebirgige Landschaft von 60 000 ha in den

Provinzen Ascoli Piceno, Macerata u. Perugia; *Parco Nazionale del Pollino*, gebirgige Landschaft um den Monte Pollino an der Grenze Basilicata–Calabria (50 000 ha), darin die *Riserva Naturale Orientata* von Ruggio; *Parco Nazionale del Gennargentu* in Sardinien, Provinz Nuòro (100 000 ha); kurz vor der Gründung steht der *Parco Naturale del Gargàno* (30 000 ha), das ganze Vorgebirge des Gargàno mit den Küstenseen Lèsina u. Varàno; berühmt unter den it. Wäldern ist die dortige *Foresta Umbra* (1081 ha.) Zufahrtsmöglichkeiten: von der A14 über Poggio Reale, San Severo o. Foggia; von der A16 über Cerignola–Manfredonia.

Naturschutzgebiete mit speziellen Zielsetzungen: *Riserva naturale biogenetica* zur Erhaltung von Samen bestimmter Pflanzenarten, sehr verbreitet in Toscana u. Calabria; *Riserva naturale zoologica* zur Vermehrung o. Wiedereinführung bestimmter Tierarten, fast in jeder Region vorhanden; *Riserva naturale antropologica* wie z. B. die von Monte Croccia bei Oliveto Lucano (MT) zum Schutz von Mauerresten einer lukanischen Akropolis, in denen eine Verschmelzung der Bautechnik der Ureinwohner mit der der griechischen Siedler erhalten ist.

Zone umide: bis heute 34 Feuchtgebiete von internationaler ökologischer Bedeutung. *Biotopi:* 1979 wurden von der *Società Botanica Italiana* 563 Biotope gezählt (Gesamtfläche 1 113 150 ha), davon z. Z. nur 73 (67 940 ha) geschützt, weil sie in N. liegen.

NCO ↑camorra.

'ndràngheta. Die kalabresische N., eine Art ↑*mafia* – ohne deren „Industrialisierung" – hat ihr Aktionszentrum um Gioia Tauro (RC) herum, mit Basisorganisationen *('ndrine)* überall in Calabria, u. kontrolliert die landwirtschaftl. Märkte, die Prostitution, den Drogenhandel, Menschenraub, das Eintreiben von Schutzgeldern sowie durch Korruption staatl. Aufträge für öffentliche Bauten. Zur gegenseitigen Hilfeleistung unterhält sie Beziehungen zur Mafia. ↑*camorra*.

'ndrine ↑'ndràngheta.

Neorealismo. Der N. entfaltete sich nach dem 2. Weltkrieg in ↑*Literatur*, ↑*Film* u. ↑*Malerei*, Ziel war die objektive Darstellung der Nachkriegsrealität des Landes mit allen Mitteln der Kunst, auch als Reaktion auf die offizielle Kulturpolitik des ↑*fascismo*. Hauptvertreter des literarischen N.: Italo Calvino, Francesco Jovine, Carlo Levi, Cesare Pavese, Vasco Pratolini u. Elio Vittorini; in der Malerei: Carlo Levi, Renato Guttuso u. Ottone Rosai.

nocino. Starker Walnußlikör, bis zu 40 % Alkohol.

NOCS. *Nuclei Operativi Centrali di Sicurezza.* Zentrale Sondereinheiten für Sicherheit, Antiterroreinheiten. ↑*BR*.

Novecento. ↑Literatur.

nuraghe, *m.* **nuraghi** *pl.* Vorchristliche turmartige Steinbauten auf ↑*Sardegna*.

O

Obst. Unter den in der Bundesrepublik weniger bekannten Obstsorten aus It. befinden sich: *Bergamotto* (Citrus bergamia, Bergamotte), *cedro* (Citrus medica, Zitronatzitrone) u. *limetta* (Citrus aurantufolia, Limette): Alle drei ↑*Zitrusfrüchte* reifen in kleinen Mengen in Süditalien. Aus ihrer Schale wird Öl zur Herstellung von Parfums gewonnen (*bergamotte* für Kölnisch Wasser). Aus dem Saft der *limetta* wird bitterer Sirup für Erfrischungsgetränke, aus dem *cedro* Sirup, aber v. a. Zitronat (für Süßigkeiten) gemacht. Jedes Jahr kommen Rabbiner aus Israel nach Santa Maria del Cedro (CS) in Calabria, um dort nach überlieferter Tradition die reinsten, von Menschenhand unberührten cedri für das jüdische Laubhüttenfest „Sukkoth" mit Leinentüchern zu ernten.

Cachi (Kaki): Aus Japan eingeführte Früchte, wachsen fast überall im Lande, industrialisierte Produktion nur in der Romagna. Reife Kaki sehen Fleischtomaten ähnlich aus, Farbe je nach Sorte gelb bis rot, sie schmecken süß u. saftig, Erntezeit im Herbst, sie reifen jedoch nach. *Cachi all'antica:* Die Kaki halbieren, mit Zucker bestreuen u. mit Vinsanto (↑*Wein*) o. Portwein beträufeln, eine Stunde im Kühlschrank ruhen lassen, bevor man sie als Dessert anbietet.

Fichi (Feigen der Ficus carica) wachsen u. reifen den ganzen Sommer bis in den Herbst hinein, sind pflaumen- bis birnengroß, hellgrün bis dunkelviolett u. werden frisch o. getrocknet gegessen; in Restaurants als Vorspeise mit Salami o. Schinken.

Fichidindia (Kaktusfeigen der Opuntia ficus-indica): Die über 2 m hohen Kakteen stammen aus Zentralamerika – das Columbus zuerst als Ostindien bezeichnet hatte, daher die irreführende Name – u. wachsen wild, oft am Feld- o. Straßenrand. Die reifen (Spätsommer) apfelgroßen Früchte haben eine harte, mit feinen Stacheln bedeckte, gelbe, rote o. violette, nicht eßbare Schale.

Kiwi sind vor einigen Jahren in Puglia und Romagna akklimatisiert worden, wo nun die ersten industrialisierten Kiwi-Plantagen, auch für den Export ins Ausland, betrieben werden.

Melograna (Granatapfel, Punica granatum): Der von Dichtern u. Künstlern immer wieder besungene u. dargestellte Granatapfel stammt aus Persien. Die säuerlichen Kerne werden entweder einzeln gegessen o. z. B. zum Obstsalat dazugegeben (mit Zucker u. *brandy* abgeschmeckt) o. zu Sirup *Granatina* (für Erfrischungsgetränke) verarbeitet. Verkauf um Weihnachten herum.

More di gelso pl. (Maulbeeren): Es gibt weiß-gelbe u. blau-schwarze Maulbeeren, sie reifen im Mai/Juni. Reihen von Maulbeerbäumen findet man noch überall in It., da ihre Blätter die Grundnahrung für Seidenraupen stellten, deren Zucht im 19. Jh. sehr verbreitet war.

Nespole (Früchte der Wollmispel; Nespolo del Giappone, Japanmispel, Eriobotrya japonica): Reife Nespole (Spätfrühling) werden so groß wie ein Ei, haben eine feste gelbe Haut u. mehrere dicke Kerne, das Fleisch schmeckt süß u. saftig.

Sorbe (Früchte der Sorbus domestica) haben die Form kleiner Birnen, werden unreif geerntet u. auf Stroh nachgereift, bis die feste Haut gelblich-rot u. das Fruchtfleisch süß u. cremig ist. Meistens im Herbst im Verkauf.

Der Saison-Kalender für O. in It. des ↑ICE (s. S. 126).

Occitani. Knapp 50 000 Sprecher des Okzitanischen (eine provenzal. Mundart) leben in Gemeinden der Alpentäler des ↑*Piemonte* an der Grenze zu Südfrankreich; eine kleine Gemeinde in der Provinz Cosenza (↑*Calabria*).

Olivenöl (*olio d'oliva*). In It. wird ein Drittel der gesamten Weltproduktion an O. hergestellt (1983 wurden 31 200 000 dz Oliven zu 6 200 000 dz Öl gepreßt) mit den verschiedenen Benennungen: Nur 100%iges Olivenöl aus der ersten Pressung darf per Gesetz *Olio Vergine d'Oliva* (reines Olivenöl) genannt werden. Aufgrund des Säuregehalts ist es vom Gesetzgeber in vier Stufen unterteilt worden: *Extra-Vergine* mit weniger als 1% (zusätzliche Qualitätsabstufung, je nachdem, ob die Oliven kalt gepreßt worden sind o. nicht), *Sopraffino-Vergine* 1–1,5%, *Fino-Vergine* 1,5–3% u. *Vergine* 3–4% Säuregehalt. *Olio d'Oliva* ist keine Ursprungsbezeichnung, es handelt sich um O. mit höherem Säuregehalt o. um Industrie-Öl, das durch Weiterverarbeitung der Oliven hergestellt wird (lt. Gesetz Nr. 1047 vom 13. 11. 1960). Dem *Olio d'Oliva e di Sansa* ist Öl aus Preßrückständen von Olivenkernen beigemischt. *Olio di Sansa* wird nur aus Preßrückständen gewonnen.

Hauptproduzenten von Oliven u. O. sind folgende Regionen: Puglia (mehr als ein Drittel der it. Produktion), dann Calabria, Sicilia, Campania, Lazio, Toscana u. Abruzzi.

omertà ↑mafia.

Onda verde. ‚Grüne Welle'; Straßen- und Wetterbericht, jeweils vor GR1 (Nachrichten, ↑*GR*) u. nach GR2 u. GR3 (↑*RAI-TV*).

onorata società ↑mafia.

OO PP, *Opere Pubbliche.* Öffentliche Bauten.

OO RR, *Ospedali Riuniti.* Vereinigte Krankenhäuser; Zentralklinikum.

ora legale. Sommerzeit.

orecchiette. ‚Öhrchen' (↑*pasta*).

Organisationen, Bewegungen. Infolge der 68er Arbeiter- u. Studentenbewegung (↑*MS*) haben sich in It. die kulturellen u. politischen Jugendorganisationen sehr verändert. Starke Verluste bei den Jugendorganisationen der ↑*Parteien,* darunter die AC (s. u.), die zur DC hin orientierte Jugend, *FGR (Federazione Giovanile Repubblicana),* Jugendorganisation des PRI; *FGCI (Federazione Giovanile Comunista Italiana),* Jugendorganisation des PCI; *FGSI (Federazione Giovanile Socialista Italiana),* Jugendorganisation des PSI; *GLI (Gioventù Liberale Italiana),* Liberale it. Jugend u. die *Giovani Socialdemocratici,* die Jungen Sozialdemokraten. Trotz der Intensivierung des politischen Kampfes durch Gruppierungen wie ↑*Lotta Continua*, *Avanguardia Operaia*, ↑*Potere Operaio*, ↑*MPL* und der Radikalisierung durch die *Autonomia-Bewegung 77* bis hin zum Terrorismus mit seinen verschiedensten Gruppierungen ↑*BR*, ↑*Prima Linea*, ↑*NAP*, ↑*NAR* entwickelte sich eine Reihe von politischen u. kulturellen O. ohne offene Parteizugehörigkeit, wenn auch z. T. im Bereich neuer o. alter Parteien, darunter *CL*, *CISA*, *LID*, *LOC*, *MLD* (s. u.). In den 80er Jahren nehmen die neuen Bewegungen weiter zu, die Krise bei den Jugendorganisationen der Parteien scheint überwunden.

Volontari. Die Freiwilligen schlossen sich nach ersten Hilfsaktionen wie bei der Überflutung von Firenze 1966 zu etwa 700 Gruppen mit 1,5 Mio. Mitgliedern zusammen, die in den Bereichen Ökologie, Krankenbetreuung, Verbraucherschutz, Waldbrandschutz, Naturkatastrophen aktiv sind.

Katholische Bewegungen. Zu den nationalen O. katholischer Prägung gehören die *AC* (*Azione Cattolica*, Katholische Aktion), die *ACLI* (*Associazioni Cristiane Lavoratori Italiani*, Arbeitervereine Italiens) u. *CL* (*Comunione e Liberazione*, Kommunion und Befreiung). – Die *AC* wurde 1905 von Papst Pius X. anerkannt u. 1929 offiziell im Konkordat aufgenommen, 1946 erhielt sie ein neues Statut, das ihr Weltoffenheit verschaffen sollte. – Die *ACLI*, gegr. 1944 zur Vorbereitung der katholischen Arbeiter auf das politische Leben, wurden 1971 von der Bischofskonferenz (↑*CEI*) von der kirchlichen Autorität freigestellt infolge des Linksrucks eines Teils der Vereine. – Die *CL*, von Don Giussani

in Milano während der Studentenbewegung als Gegenorganisation in der *Cattolica* (Mailänder katholische Universität Sacro Cuore) ins Leben gerufen. 1975 von Papst Paulus VI. anerkannt, hatte ihren größten Aufschwung nach dem Abklingen der linken Bewegungen Anfang der 80er Jahre. Sie ist Wählerbasis des *MP* (*Movimento Popolare*, Volksbewegung) innerhalb der DC, mit jährlicher Politik- u. Kulturtagung in Rimini (FO) (*Meeting della Amicizia*, Freundschaftsmeeting) u. eigener Wochenzeitung (*Il Sabato*). – Daneben gibt es in It. ca. 8000 weitere katholische Jugendgruppen mit verschiedensten Richtungen u. Aufgaben.

I Verdi (Die Grünen) schlossen sich relativ spät politisch zusammen, da die Hauptbereiche ihrer Politik (Friedenssicherung, Ökologie) von der Linken aufgegriffen worden waren, v. a. von den *Radicali* (↑*Parteien*), dem Sammelbecken aller Randgruppen, mit *MLD* (*Movimento Liberazione Donne*, Bewegung für Frauenbefreiung), *LID* (*Lega per l'Istituzione del Divorzio*, Scheidungsliga), *CISA* (*Centro Informazione Sterilizzazione e Aborto*, Beratungszentrum für Sterilisation u. Abtreibung) und *LOC* (*Lega Obiezione di Coscienza*, Liga der Kriegsdienstverweigerer). Außerdem sind in It. schon seit 1955 bzw. 1966 Institutionen wie *Italia Nostra* (Unser Italien) u. der it. *World Wildlife Fund* sehr aktiv im Umweltschutzbereich. Erst seit 1987 wählen die *Verdi* eine eigene Partei statt wie bis dahin hauptsächlich PCI, DP u. PR, um mit ihren 2,5 % (969 534 Stimmen) neue Handlungskompetenzen zu gewinnen (↑*Parlament*). Vorkämpfer u. Gründer der *Verdi:* Antonio Cederna, Mitgründer von *Italia Nostra,* Autor von *La distruzione della natura in Italia* (Die Zerstörung der Natur in It.); Laura Conti, Ökologie-Schriftstellerin mit Bestsellern wie *Che cos' è l'ecologia* (Was ist die Ökologie); Egidio Gavazzi, Direktor der Ökologie-Zeitschrift *Airone*; Gianni Mattioli u. Massimo Scalia, Vertreter der Atomkraftgegner; Aurelio Peccei, Gründer des ↑*Club di Roma* (1968), Autor von *I limiti dello sviluppo* (Die Grenzen des Wachstums); Fulco Pratesi, Gründer des it. *WWF,* Vorkämpfer gegen die Zerstörung der Natur durch die Tourismusindustrie.

Il Movimento 85 (Bewegung 85). Seit Herbst 1985 gehen die Schüler der Großstädte It.s, die angebliche No-Future-Generation, wieder auf die Straße u. fordern nicht die Veränderung der Gesellschaft, dafür aber eine bessere Bildung u. Ausbildung für einen sicheren Anschluß an die Arbeitswelt.

Movimento federativo democratico (*Mfd,* Demokratische Föderationsbewegung) wurde 1978 in Roma unter der Führung des Soziologen Giancarlo Quaranta gegründet mit dem Ziel gemeinsamen sozialen Handelns von Katholiken u. Kommunisten It.s Zahlreiche Basisorganisationen sind in den verschiedensten Alltagsbereichen tätig, z. B. das *Tribunale per i diritti del malato* (Gericht zum Schutz des Kranken) in knapp 300 Städten, *I comitati democratici di difesa della famiglia* (Demokratische Komitees zum Schutz der Familie) in den Stadtvierteln mit Drogen- u. Kriminalitätsproblemen, Freiwilligengruppen zum Schutz der Mieter u. Verbraucher,

Ausarbeitung eines *Statuto della donna* (Frauenstatut) zum Schutz der Arbeit in der Familie.

origano ↑ Kräuter.

Osservatore Romano ↑ Vaticano.

ossobuco. Beinscheibe. Nach Mailänder Art werden die o. in Tomatensoße zubereitet.

osteria o. **hostaria.** Eigentl. Bezeichnung für eine einfache Volksgaststätte, aber auch sehr nobles Speiselokal mit typischer Küche der Region.

Ottocento ↑ Literatur.

OVRA *Opera Vigilanza Repressione Antifascismo.* Staatssicherheitsdienst des ↑*fascismo* 1926–1943 (zur Unterdrückung des Antifaschismus).

P

PA, *Pubblica Amministrazione.* Öffentliche Verwaltung.

paccheri ↑ pasta.

paglia e fieno. ‚Stroh u. Heu'; Nudelgericht aus gelben Eiernudeln u. grünen Spinatnudeln.

pagliata. Oberer Teil der Gedärme eines Milchkalbes, wird wegen des bitteren Geschmackes für die Zubereitung verschiedener römischer Gerichte verwendet.

Palazzaccio. Volksname des röm. ↑*Palazzo di Giustizia,* der 1889–1910 von Guglielmo Calderini gebaut wurde.

palazzinaro. Röm. ugs. Bez. für einen Bauunternehmer, der während der 60er u. 70er Jahre durch den Bau großer Wohnkomplexe mit billigen Materialien u. mit staatl. Zuschüssen reich geworden ist.

palazzo. 1. Historischer Palast wie ↑*Palazzo Vecchio* in Firenze o. die *Palazzi reali* (↑*Museen*); 2. modernes, städtisches Hochhaus o. Gebäude einer Behörde, z. B. *Palazzo degli Uffici* (Gebäude der Stadtbehörde), *Palazzo della Regione* (Regionalbehörde), *Palazzo di Giustizia* (Gerichtsgebäude), *Palazzo* o. *Palazzetto dello Sport* (Sporthalle); 3. im polit. Jargon: das Zentrum der Macht im Gegensatz zum *popolo* ‚Volk‘.

Palazzo Chigi. Sitz des Ministerpräsidenten.

Palazzo dei Normanni. Sitz des Präsidenten der Region ↑*Sicilia* in Palermo.

Palazzo del Campidoglio. Römisches Rathaus.

Palazzo del Quirinale. Sitz des ↑*Präsidenten der Republik.*

Palazzo Farnese. Sitz der französischen Botschaft.

Palazzo Madama. Sitz des Senats (↑*Parlament*).

Palazzo Montecitorio. Sitz der Abge-ordnetenkammer (↑*Parlament*, ↑*buvette*, ↑*transatlantico*).

Palazzo Vecchio. Florentiner Rathaus.

Palazzo Venezia. Ehemaliger römischer Amtssitz Mussolinis, des *Duce del* ↑*fascismo.*

Palazzo Vidoni. Sitz des Ministeriums für Öffentlichkeitsaufgaben. Seit 1925 bekannt wegen des Paktes zwischen Arbeitgebern u. ↑*fascismo*, mit dem die faschistischen Gewerkschaften als einzige Vertreter der Arbeiterschaft anerkannt wurden.

Palazzo Viminale. Sitz des ↑*Ministeriums* des Inneren.

palio ↑*Festspiele, historische.*

pane e colazioni. Laden für Lebensmittel u. belegte Brötchen (in Süditalien).

panettone *m.* Leichter u. lockerer Kuchen aus Hefeteig, Zitronat u. Rosinen, der in einer Zylinderbackform hergestellt wird. P. u. *Spumante* (↑*Wein*) sind beliebte Familiengeschenke zu Weihnachten (↑*colomba*).

panforte. ‚Hartes Brot‘; flache, feste Torte aus Mehl, Gewürzen, Mandeln u. Haselnüssen; typ. für Siena.

paninoteca. Laden mit den verschiedensten Sorten von belegten Brötchen.

panzanella. Trockene Brotscheiben, die in Wasser getränkt u. dann mit

↑*Olivenöl*, Essig, Salz, Basilikum u. frischen Tomaten zubereitet werden; typ. für Süditalien.

panzerotti *mpl.* Blätterteigtaschen, mit Mozzarella (↑*Käse*), Schinken u. a. gefüllt u. in Öl fritiert.

pappardelle *fpl.* Unregelmäßig geschnittene *lasagne* (↑*pasta*).

parco… ↑Naturschutzgebiete.

Parlament. Das it. P. mit seinem Zweikammersystem (Abgeordnetenkammer u. Senat; *Camera dei deputati e Senato*) übt die legislative Gewalt aus u. wird alle 5 Jahre nach dem it. Proportionalsystem gewählt; zum ersten Mal 1948 nach dem Zusammenbruch des ↑*fascismo* 1943, der Volksabstimmung zugunsten der *Repubblica Italiana* 1946 u. dem Inkrafttreten der republikanischen Verfassung 1948. Die *Camera dei deputati* hat 630 Mitglieder (Sitz im Palazzo Montecitorio), der *Senato* (Sitz im Palazzo Madama) 315 Mitglieder, die älter als 40 Jahre sein müssen u. pro Region gewählt werden (jeweils mind. 7 Senatoren, nur 1 im ↑*Val d'Aosta*). Der ↑*Präsident der Republik* bestellt als Senatoren auf Lebenszeit 5 Persönlichkeiten aus dem Kulturleben. Auch ehemalige Präsidenten werden Senatoren. Kammer u. Senat stehen jeweils unter der Führung eines selbstgewählten Vorsitzenden. Außerhalb der Plenarsitzungen arbeitet das P. in den zuständigen Ausschüssen. Im P. sind die ↑*Parteien* durch die Fraktion (*gruppo parlamentare*) vertreten. Sitzverhältnisse im Parlament bei der vorgezogenen Wahl 1987 (im Vergleich

1983) für die 10. Legislaturperiode: *Kammer:* DC 234 (+9), PCI 177 (–21), PSI 94 (+21), PSDI 17 (–6), PRI 21 (–8), PLI 11 (–5), MSI 35 (–7), PR 13 (+2), DP 8 (+1), SVP 3 (±0), Verdi 13 (+13), Liga Veneta 1 (±0), PSd'A 2 (+1), UV (±0).
Senat: DC 125 (+5), PCI 100 (–7), PSI 36 (–2), PSDI 5 (–3), PRI 8 (–2), PLI 3 (–3), MSI 17 (–1), PR 3 (+2), DP 1 (+1), SVP 2 (–1), UV 1 (±0), Lega Lombarda 1 (+1), Liga Veneta 1 (±0), PSd'A 1 (±0), UV 1 (±0), Sonstige 10.

parmigiano ↑Käse.

Partecipazioni Statali, Ministero delle ~ . Ministerium für staatliche Beteiligungen, 1956 gegründet mit dem Ziel, staatliche Konzerne wie ↑*IRI* o. Betriebe mit staatlichen Beteiligungen zu fördern.

Parteien. Parteienverhältnis der Abgeordnetenkammer bei den Parlamentswahlen vom 14. Juni 1987 (im Vergleich mit 1983): DC 34,3 % (32,9), PCI 26,6 % (29,9), PSI 14,3 % (11,4), MSI-DN 5,9 % (6,8), PRI 3,7 % (5,1), PSDI 3,0 % (4,1), PLI 2,1 %, (2,9), PR 2,6 % (2,2), DP 1,7 % (1,5), Verdi 2,5 % (–), SVP 0,5 % (0,5) Sonstige 2,8 % (2,7). Hochburgen der Christdemokraten sind Molise, Veneto, Basilicata u. Abruzzi, während in Emilia-Romagna, Toscana u. Umbria die Kommunisten stärkste Partei sind. In Trentino-Alto Adige u. Val d'Aosta dominieren dagegen die Regionalparteien SVP bzw. UV. Weil das it. Wahlgesetz keine 5 %-Hürde vorsieht, ist der Einzug einer zugelassenen Partei ins ↑*Parla-*

ment schon mit einem Minimum von 0,1 % der Stimmen (knapp 30 000) möglich.

DC, Democrazia Cristiana: Christlich-demokratische Partei. 1943 trat unter diesem Namen der 1919 gegründete *Partito Popolare Italiano (PPI,* It. Volkspartei) wieder in das politische Leben ein. Als stärkste Partei hat die *DC* seit 1945 die Regierung gestellt, mit Ausnahme der Regierung von Spadolini (Juni 1981 – Nov. 1982) u. von Craxi (Aug. 1983 – März 1987), der sie als Koalitionspartei angehörte. Gründer u. wichtige Parteiführer: Don Luigi Sturzo (1871–1959), Alcide De Gasperi (1881–1954) u. Aldo Moro (1916–1978). *Symbol:* Kreuzschild mit dem Motto „Libertas" (Freiheit). Parteitageszeitung: *Il Popolo* (Roma). Öffentliche Finanzierung 1983: 28,6 Mrd. Lire.

PCI, Partito Comunista Italiano: Kommunistische Partei It. Die zweitstärkste Partei It.s ging 1921 in Livorno aus der Spaltung des linken Flügels des *Partito Socialista Italiano* (s.u.) hervor u. ist die einzige westeuropäische kommunistische Partei, der es gelungen ist, nach der Spaltung von den Sozialisten diese als stärkste Partei der Linken zu verdrängen. Gründer u. wichtige Parteiführer: Antonio Gramsci (1891–1937), Palmiro Togliatti (1893–1964) Enrico Berlinguer (1922–1984). *Symbol:* Die it. u. die rote Fahne mit Hammer, Sichel, Stern und P.C.I. Parteitageszeitung: *L'Unità* (Roma). Öffentliche Finanzierung 1983: 21,2 Mrd. Lire.

MSI-DN, Movimento Sociale Italiano – Destra Nazionale: It. Soziale Bewegung – Nationale Rechte. 1946 als Nachfolgeorganisation der verbotenen Nationalen Faschistischen Partei *(PNF)* gegründet, bildet sie seit 1972 mit den Monarchisten zusammen ein Wahlbündnis. Gründer u. wichtige Parteiführer: Arturo Michelini und Giorgio Almirante (1914–1988). *Symbol:* grün-weiß-rote Flamme auf der Inschrift MSI. Parteimitglieder u. Anhänger werden *Missini* (von *MSI*) genannt. Parteizeitung: *Il Secolo d'Italia* (Roma). Öffentliche Finanzierung 1983: 5,1 Mrd. Lire.

PSI, Partito Socialista Italiano: Sozialistische Partei It.s. Gegründet 1892 in Genova als erster Ausdruck der sich politisch konstituierenden Arbeiterbewegung. 1943 nahm sie für kurze Zeit den Namen *PSIUP* an *(PSI d'Unità Proletaria,* PSI proletarischer Einheit). Obwohl sie nach der Spaltung (s. *PCI*) immer mehr zu einer kleinen Partei geworden ist, hat sie nichts an politischem Gewicht eingebüßt. Seit 1963 ist sie als Koalitionspartei kontinuierlich an den Regierungen beteiligt, seit August 1983 stellt sie mit Bettino Craxi (geb. 1934) den ersten sozialistischen Regierungschef der Republik. Gründer u. wichtige Parteiführer: Filippo Turati (1857 bis 1932), Giacomo Matteotti (1885 bis 1924), Pietro Nenni (1891–1980) u. Sandro Pertini (geb. 1896; Präsident der Republik 1978–1985). *Symbol:* Hammer u. Sichel auf Buch u. roter Nelke mit Schriftzug PSI u. Partito Socialista. Parteitageszeitung: *Avanti!* (Roma). Öffentliche Finanzierung 1983: 8,4 Mrd. Lire.

PSDI, Partito Socialista Democratico Italiano: It. Sozialdemokratische Partei, konstituierte sich 1947 aus der Spaltung des reformistischen Flügels des *PSI*. Seit der „Öffnung nach links"

(↑*apertura a sinistra*) der *DC*-Regierungen 1962 wurde sie zur ständigen Koalitionspartei. Gründer u. wichtigster Parteiführer Giuseppe Saragat (geb. 1898; Präsident der Republik 1964–1971). *Symbol:* Strahlende Sonne mit Motto „Socialismo" auf dem Schriftzug PSDI. Parteitageszeitung: *L'Umanità* (Roma). Öffentliche Finanzierung 1983: 4,2 Mrd. Lire.

PRI, Partito Repubblicano Italiano: It. Republikanische Partei. Versteht sich als Nachfolger der 1895 gegründeten republikanischen u. laizistischen (↑*laicismo*) Partei. Nach Auflösung des *Partito d'Azione* (Aktionspartei 1943–1947) traten einige ihrer Mitglieder in den *PRI* ein. Sowohl an Zentrums- als auch an Linksregierungskoalitionen beteiligt, stellte sie 1981 mit Spadolini (s. *DC*) den ersten republikanischen Regierungschef. Gründer u. wichtige Parteiführer aus der Zeit der Republik: Ugo La Malfa (1903–1979) u. Giovanni Spadolini (geb. 1925). *Symbol:* Efeublatt mit Schriftzug Partito Repubblicano Italiano. Parteitageszeitung: *Voce Repubblicana* (Roma). Öffentliche Finanzierung 1983: 3,5 Mrd. Lire.

PLI, Partito Liberale Italiano: It. Liberale Partei. Erste Gründung 1922 nach dem Fall des ↑*fascismo*. Reorganisation unter der Führung des Philosophen u. Historikers Benedetto Croce 1944. Sie war maßgebend für die Finanzpolitik der De Gasperi-Regierungen (1945–1953) durch Luigi Einaudi als Präsident der it. Notenbank, dann Finanzminister u. 1948–1955 Präsident der Republik. Gründer u. wichtige Parteiführer: Benedetto Croce (1866–1952), Luigi Einaudi (1874–1961), Giovanni Malagodi

(geb. 1904). *Symbol:* ↑*tricolore* mit *PLI* u. mit Schriftzug Partito Liberale Italiano. Keine Parteitageszeitung. Öffentliche Finanzierung 1983: 2,8 Mrd. Lire.

PR, Partito Radicale: Partei der Radikalen. Als Spaltung vom *PLI* 1956 unter der Führung von Marco Pannella (geb. 1930) gegründet. Weitere Gründer u. Parteiführer: Maria A. Aglietta (geb. 1940) u. Roberto Cicciomessere (geb. 1946). *Symbol:* Faust mit Rose u. Schriftzug Partito Radicale. Keine Parteitageszeitung, dafür die *Agenzia Radicale* (Presseagentur der Radikalen). Öffentliche Finanzierung 1983: 3 Mrd. Lire.

Weitere Parteien u. linke Gruppierungen: *PSIUP, Partito Socialista Italiano d'Unità Proletaria* (It. Sozialistische Partei Proletarischer Einheit). Entstanden durch Spaltung des linken Flügels des PSI – aus Ablehnung der Centro-Sinistra-Politik (↑*apertura a sinistra*) – existierte von 1964–1972. – *Il Manifesto,* Oppositionsgruppe innerhalb des *PCI* um Rossana Rossanda u. Lucio Magri u. die Tageszeitung *Il Manifesto,* wurde 1969 aus der Partei ausgeschlossen (s. *PdUP*). – *PdUP, Partito di Unità Proletaria per il Comunismo:* Partei Proletarischer Einheit für den Kommunismus. Ein Zusammenschluß von Teilen aus *PSIUP* u. *Il Manifesto* (s.o.). Parteiführer: Lucio Magri u. Luciana Castellina. Öffentliche Finanzierung 1983: 1,8 Mrd. Lire. – *DP, Democrazia Proletaria:* Proletarische Demokratie. Wahlbündnis von *PdUP, Il Manifesto* u. ↑*Lotta Continua,* vertreten im Europäischen Parlament bei der Wahl von 1979 durch ihren Parteiführer Mario Capanna (geb. 1945). *Symbol:* Faust auf Hammer u. Sichel auf einem Globus u. Schriftzug Democrazia Proletaria. Öffentliche Finanzierung über *Gruppo misto* (s. u.): 237 Mio. Lire 1983. – *Verdi* (Grüne): ↑*Organisationen.*

Regionalparteien: *SVP, Südtiroler Volkspartei.* 1945 als Vertreter der deutschsprachigen Minderheit bei der Zentralregierung in Roma gegründet. Mit ihrem Vorsitzenden Silvius Magnago (geb. 1914) erreichte sie 1969 einen Kompromiß in der Frage der Autonomie Südtirols („Südtirol-Paket") u. 1988 die gesetzl. Zulassung der dt. Sprache im gesamten öffentl. Dienst. *Symbol:* Edelweiß mit Schriftzug SVP. Öffentliche Finanzierung 1983: 216 Mio. Lire. – *UV, Union Valdôtaine:* Union Aostatal. Aufgrund der *Carta di Chivasso* (1943) in der Nachkriegszeit neuorganisiert; 1983 konnte sich ihr Vertreter im Zentralparlament, Pierre Fosson, zum erstenmal im Alleingang behaupten; seit 1984 mit 1 Sitz (zusammen mit der *PSd'A*) im Europäischen Parlament vertreten (s. u.). Öffentliche Finanzierung 1983: 72 Mio. Lire. – *PSd'A, Partito Sardo d'Azione:* Sardische Aktionspartei. Gegründet 1921, reorganisiert nach dem Fall des ↑*fascismo* unter der Führung von Emilio Lussu (geb. 1890), 1983 Wiedereinzug ins Zentralparlament, viertgrößte Partei Sardiniens bei der Regionalwahl 1984. Öffentliche Finanzierung über *Gruppo misto* (s. u.). – *Liga Veneta.* Gegründet 1980 zur Förderung der Kultur u. zur Verteidigung der Interessen des Veneto, seit Juni 1983 sowohl im Senat als auch in der Abgeordnetenkammer mit jeweils einem Vertreter anwesend. Führer: Achille Tramarin.

Alle Parteien, die ihrer Größe nach keine eigene Fraktion bilden dürfen, erhalten öffentliche Finanzierungen über die Gemischte Fraktion (*Gruppo misto*) des Senats o. der Kammer: 1983 insg. 2,3 Mrd. Lire.

Im *Europäischen Parlament* sind die it. Parteien mit insg. 81 Sitzen vertreten u. folgenden Fraktionen angeschlossen: *DC* (26) bei *PPE* (Christlich-Demokratische Fraktion); *PCI* (27) bei *COM* (Fraktion der Kommunisten u. Nahestehenden); *PSI* (9) bei *S* (Sozialistische Fraktion); *MSI-DN* (5) bei *DR* (Fraktion der Europäischen Rechten); *PRI/PLI* (5) bei *L* (Liberale u. Demokratische Fraktion); *PSDI* (3) bei *S*; *PR* (3) bei *NI* (Fraktionslose); *DP* (1) bei *ARC* (Regenbogenfraktion); *UV* mit *PSd'A* (1) bei *ARC*; *SVP* (1) bei *PPE*. ↑*centrismo,* ↑*CISL,* ↑*classe politica,* ↑*clientelismo,* ↑*corrente,* ↑*monocolore,* ↑*partitocrazia,* ↑*Parteienfestivals,* ↑*sottogoverno,* ↑*via.*

Parteienfestivals. Jede politische ↑*Partei* veranstaltet im Lauf des Sommers (↑*Estate italiana*) ihre eigene *Festa del Partito,* u. zwar in den Parteizellen u. -bezirken u. auch auf Regionalebene. Meist dauern die P. eine Woche; im September finden die nationalen Schlußkundgebungen statt. Die bekanntesten sind: Festa dell'Unità (PCI), Festa dell'Amicizia (DC), Festa dell'Avanti! (PSI), Festa dell'Edera (PRI), Festa dell'Umanità, Festa del Tricolore (MSI) u. a. Ursprünglich hatte der PCI die jährliche Festa dell'Unità organisiert, um die Finanzierung des Parteiorgans „L'Unità" durch Abonnements u. Spenden zu sichern. Im Lauf der Zeit wurden die P. eine beliebte u. werbewirksame Mischung aus Freizeitvergnügen (kulinarische Spezialitäten, Folklore), Kultur (Konzerte, Ausstellungen) u. Politik (Debatten mit eigenen Experten u. politischen Gegnern).

Partito d'Azione ↑Parteien, ↑GL.

partitocrazia. Parteienherrschaft, die sich hat entwickeln können, weil in den 45 Regierungen seit 1945 die DC (↑*Parteien*) entweder als Minderheitsregierung (↑*monocolore*) o. mit Hilfe einer Koalition die Regierung stellt, und zwar auf der Basis eines von den Koalitionsparteien vereinbarten Regierungsprogramms, so daß also das politische Handeln der einzelnen Fraktionen im ↑*Parlament* im voraus von den Parteizentralen festgelegt u. damit die Souveränität des Parlaments unterlaufen wird (↑*lottizzazione*).

Pasqua. Osterfeierlichkeiten finden eigentlich in der ganzen Karwoche statt. Bekannt sind die Prozessionen von Tromello (PV), Pioraco (MC), Chieti u. Collesano (PA) u. die Passionsspiele von Sordevolo (VC) u. Cantiano (PS). Firenze feiert Ostern mit dem traditionellen *Scoppio del carro:* Während der Ostermesse im *Battistero* (Taufkapelle beim Dom) löst sich eine „Taube" vom Altar, gleitet mit Feuer im Schnabel an einem Seil zu einem Wagen vor dem Battistero u. entzündet auf ihm ein Feuerwerk.

Pasquetta. Das ‚kleine Ostern', Ostermontag wird mit einem Familienausflug mit Picknick begangen.

passatelli. Eine Art Fingernudeln aus geriebenem Brot, Parmigiano (↑*Käse*), Eiern, Mehl u. Muskat; typ. für die Romagna.

pasta. Teigwaren, das Nationalgericht der Italiener, sind das *erste* Gericht, nicht zu verwechseln mit einer Vorspeise *(antipasto)*, wenn auch bei alltäglichen Mahlzeiten oft das einzige warme Gericht. Die p. wird aus dem Hartweizen Triticum durum gemacht, der wegen der Bodenbeschaffenheit u. der klimatischen Verhältnisse in It. zu einer besonderen Qualität heranreift. Sowohl für die Herstellung der p. als auch für ihre Zubereitung haben sich in der it. Küche allg. anerkannte „goldene Regeln" herausgebildet. *(p. fresca,* frische p.): 100 g Hartweizenmehl pro Person, 1 Ei (380 kcal). Das Mehl wird auf eine glatte Fläche gehäuft, die Eier in einem kleinen Krater im Mehl dazugetan, dann nimmt man Mehl aus dem äußeren Rand u. vermischt es mit den Eiern. Nach einigem Kneten kommt eine Prise Salz hinzu, u. der Teig wird weiterverarbeitet (um ihn geschmeidig zu machen, wird oft ein Löffel ↑*Olivenöl* dazugegeben, bis er sich leicht zu einer 1–2 mm dicken Teigplatte ausziehen läßt, die nach dem Abtrocknen in die gewünschten Formen geschnitten wird. Die p. wird in kochendes Wasser hineingegeben (1 l Wasser pro 100 g p. mit 10–12 g Salz, das jedoch erst nach dem Sieden dazugetan wird), man läßt sie unter öfterem Umrühren bei offenem Topf weiterkochen u. kostet ein paarmal, um zu entscheiden, wann sie die gewünschte Garstufe erreicht hat. In It.

wird die p. gerne je nach Geschmack *al ↑dente* (bißfest) gegessen. Sie wird sofort in ein Nudelsieb abgegossen u. dann mit dem passenden ↑*ragù,* ↑*sugo* o. *in* ↑*bianco* abgeschmeckt u. mit *parmigiano* o. *pecorino* bestreut (↑*Käse*). Es wird dringend abgeraten, die p. abzuschrecken, weil sie dadurch sofort kalt wird.

Um die Vielfalt der it. p. zu beschreiben, muß man folgende Begriffe kennen: *p. fresca* (frische p.) u. *p. secca* (trockene p.), je nachdem, ob sie frisch durch kleine handwerkliche Betriebe o. trocken u. verpackt durch die Nahrungsmittelindustrie in den Handel gebracht wird. Daher auch der Name „Pasta Fresca" für die Läden, die sie direkt u. oft sofort nach der Herstellung an den Kunden weiterverkaufen. Mit *pastasciutta* (trockene p.) ist eine p. gemeint, die mit Soße o. Ragout zubereitet wird, im Gegensatz zur *p. in brodo* (in Fleischbrühe).

P. lunga sind lange Teigwaren, die entweder rund (wie die ganz dünnen *capellini, vermicelli, spaghettini* bis zu den dicksten *spaghetti)* oder flach sind (von den ganzen schmalen *linguine, bavette* zu *tagliatelle, fettuccine* o. *fettucce, lasagnette* bis zu den breitesten *lasagne),* auch in Form eines Nestes *(tagliolini, barbine, tagliatelle, fettuccine)* o. *col buco*, mit einem Loch *(bucatini, cannelloni, maccheroni, ziti).*

P. corta sind kurze Teigwaren mit Loch wie *ditali, penne, rigatoni, sedani;* p. mit einer besonderen Form sind *conchiglie* (Muscheln), *eliche* (Schrauben), *farfalle* (Schmetterlinge), *risoni* (Reiskörner), *stelline* (Sternchen), *marille* (kleine Meereswellen, von dem Auto-Industrie-Designer Gior-

gio Giuggiaro für die Teigwarenfirma Vojello entwickelt).

P. ripiena (wie *agnolotti, cappelletti, ravioli, tortelli, tortellini, tortelloni)* haben eine Füllung aus Fleisch mit Semmelbröseln, geriebenem Käse u. Gewürzen o. aus *ricotta* (↑*Käse*) mit Spinat u. Gewürzen.

Außerdem unterscheidet man *p. all'uovo* (mit Eiern) u. *p. verde* (grün, mit Spinat). Mit *pastina*, kleine p., werden einige der bekanntesten Nudelsorten bezeichnet, die extra für kleine Kinder (ab 2 Monaten) hergestellt werden.

Über 100 Sorten bieten die namhaftesten Pastahersteller an, darunter Agnesi (Imperia, Inhaberin des Museo Storico degli Spaghetti di Pontedassio), Amato (SA), Barilla (PR), Buitoni (PG), De Cecco (Fara S. Martino Chieti), Riscossa (BA), Vojello (NA) u. a. Hinzu kommen zahllose regionale Varianten in der Zubereitungsart: *bigoli* (hausgem. *spaghetti* aus dunklem Hartweizen in der Region Veneto), *casonsei* (Teigtäschchen mit Füllung aus Fleisch mit Semmelbröseln, Käse u. Gewürzen in den Provinzen Bergamo u. Brescia), *corzetti* (hausgem. p. in Form einer Acht aus der Region Liguria), *cavatielli* o. *cuvatielli* (hausgem. Spätzle in den Regionen Puglia u. Calabria), *fusilli* (spiralförmige, hausgem. Nudeln aus Calabria), *garganelli* (hausgem. *maccheroni* aus der Romagna), *gnocchi* (hausgem. Nockerln aus Kartoffeln, Grieß o. *ricotta*, in der römischen Variante als viereckige Plätzchen), *laganelle* (neapolitanische Variante dünner hausgemachter *tagliatelle*), *malloreddus* (sardische Grießnokkerln), *maniche* (hausgem. dicke Nudeln mit einem Loch, um Neapel), *orecchiette* (hausgem. „Öhrchen"-p. aus Bari), *paccheri* (dicke *rigatoni* aus der Region Campania), *papardelle* (breite *tagliatelle* Mailänder Art), *papparele* (*tagliatelle* aus dem Veneto), *passatelli* (Fingernudeln aus Semmelbröseln u. Fleisch, aus Urbino/Marche), *pizzoccheri* (*tagliatelle* aus dunklem Hartweizengrieß aus der ↑*Valtellina*, *picacce* (ligurische gröbere *lasagne*), *spaghetti alla chitarra* aus Abruzzo (hausgem. *spaghetti*, die mit einem gitarrenförmigen Gerät geschnitten werden, daher ihre längliche, jedoch viereckige Form), *strangulaprevete* (wörtl. ‚Priester-Würger', neapolitanische Nockerln aus Kartoffeln u. Hartweizengrieß, die so gerne gegessen werden, daß sogar ein Priester sich daran erwürgen kann, in Basilicata *strangulaprievete*), *trenette* (dünne *tagliatelle* aus Liguria, die mit ↑*pesto* abgeschmeckt werden).

pastasciutta ↑pasta.

pastina ↑pasta.

pavese *m.* Fleischbrühe mit in Butter gerösteten Brotscheiben u. rohen Eiern.

PCI, *Partito Comunista Italiano* ↑Parteien.

PDIUM, *Partito Democratico Italiano di Unità Monarchica.*

PdUP, *Partito di Unità Proletaria per il Comunismo* ↑Parteien.

pecorino ↑Käse.

pendolino. Spitzname des Schnellzuges Etr. 450 zwischen Roma u. Milano; fährt 2mal täglich die 633 km lange Strecke in 3 Std. 58 Min. ↑*FFSS.*

penne ↑pasta.

pentapartito. Fünf-Parteien-Regierungskoalition.

peperonata. Gericht aus Paprika, das mit ↑*Olivenöl*, Petersilie, Tomaten u. Zwiebeln zubereitet wird.

pesce azzurro. ‚Blauer Fisch', Sammelbegriff für Fischsorten wie Sardellen, Makrelen, Kabeljau, Hering, die den Hauptteil des Fischfangs bilden.

pesce spada *m.* Schwertfisch, wird vor der sardischen u. kalabrischen Küste gefischt. Kulinarische Spezialität dieser Regionen.

pesto. Grüne Soße aus gehacktem Basilikum, Pinienkernen, Knoblauch, Anchovis, Kapern in ↑*Olivenöl* u. geriebenem ↑*Käse;* typ. für Liguria.

piadina. Tellergroßer Blätterteig aus Mehl u. Wasser, der mit ↑*Olivenöl*, Salz, Knoblauch u. ↑*Kräutern* bestreut gebacken wird.

piazza ↑via.

picacce ↑pasta.

piccata o. **piccatina.** Naturkalbsschnitzel.

piellini ↑Prima Linea.

Piemonte ist eine der größten it. ↑*Re-*

gionen (25,4' km², ca. 4,5 Mio. E.), knapp die Hälfte ist Bergland (*Monviso* 3841 m, *Argentera* 3297 m, *Gran Paradiso* 4061 m) mit den Seen *Lago Maggiore u. Lago d'Orta*, die andere Hälfte ist fruchtbares Hügelland (↑*Wein!*) u. Flußebenen. Das Klima ist gekennzeichnet durch kalte, trokkene Ostwinde im Winter, feuchte Atlantikluft im Frühjahr, warme Winde aus der Sahara u. von den Azoren im Sommer, Föhn in den Nordtälern.

Berühmte Weinbaugebiete mit alter Tradition sind *Monferrato* (um Asti herum), seit dem Mittelalter selbständige Grafschaft, die erst 1708 nach langen Kämpfen dem Hause ↑*Savoia* angeschlossen wurde, und die *Langhe* (nordöstl. von Cuneo), die ab 1815 zum Königreich Sardinien u. Piemont gehörten. Historisch bedeutsam ist auch die ehemalige Grafschaft *Canavese* (seit dem 12. Jh. beim Hause Savoia) zwischen Alpen und Po-Ebene, nördl. von Torino, mit intensiver landwirtschaftl. u. industrieller Produktion.

P. steht in It. an 1. Stelle beim Anbau von Reis (↑*riso*, Provinzen Novara u. Vercelli), an 2. Stelle bei Mais u. Spargel, an 3. bei Erdbeeren, Pflaumen, Eßkastanien, an 4. bei Getreide; außerdem Rinderzucht (2. Stelle nach ↑*Lombardia*) für die Milch-, Käse- u. Fleischproduktion. Alba (CN) ist berühmt für seine ↑*tartufi neri*.

Ausschlaggebend für den Wohlstand der Region (überdurchschnittl. hohes Bruttosozialprodukt, geringe Arbeitslosigkeit) ist die Industrie, deren Hauptträger der ↑*FIAT*-Konzern (Torino) mit über 150 Produktionsanlagen ist. In Ivrea (TO), im Nordwesten der Region, ist der Hauptsitz des internationalen Konzerns Olivetti (Bürotechnik, Elektronik, Mikroelektronik). P. hat außerdem eine hochentwickelte Textil- u. chem. Industrie (Wolle- u. Leinenverarbeitung, Kunstfasern); ein Zentrum des it. Buchdrucks ist neben Torino auch Novara.

Das Handwerk ist stark kunstgewerblich orientiert: Goldschmiedearbeiten in Valenza/Po (AL), Keramik in Castellamonte (TO), Möbel in Saluzzo (CN), Schuh- u. Lederwaren. – Der Stadt- u. Bergtourismus ist vergleichsweise gering.

Die Wirtschaftsmetropole Torino ist auch Regions- u. Provinzhauptstadt, Sitz zweier Universitäten (eine seit 1404) u. Erscheinungsort mehrerer nationaler ↑*Zeitungen*. Die übrigen Provinzstädte sind Alessandria, Asti, Cuneo sowie Novara u. Vercelli.

In P. werden mehrere Dialekte gesprochen: *Franco-Provenzale* u. *Provenzale* an der Grenze zu Frankreich, im größeren Teil der Region 2 Varianten des *Piemontese*, in der Provinz Novara das *Lombardo* – beides Bereiche des *Gallo-Italico* (↑*Sprache u. Dialekte*). Sprachl. u. ethn. Minderheiten bilden die ↑*Occitani* (o. *Provenzali*) in den Provinzen Torino (knapp 26000) u. Cuneo (knapp 30000) sowie die ↑*Walser* in den Bergdörfern um den Monte Rosa im Norden der Provinzen Vercelli u. Novara.

Zeitgenöss. Autoren aus u. über P.: C. Pavese (1908–1950), B. Fenoglio (1922–1963), N. Ginzburg (geb. 1916), P. Levi (geb. 1919), C. Levi (1902–1975), G. Barberi Squarotti (geb. 1929). ↑*Provinzkennzeichen*,

↑*bagna cauda,* ↑*carpaccio,* ↑*finanzie- ra,* ↑*Käse,* ↑*Obst,* ↑*Gemüse,* ↑*musica classica,* ↑*Theaterfestspiele,* ↑*Museen,* ↑*SIP,* ↑*Pasqua,* ↑*Naturschutzgebiete,* ↑*Klöster,* ↑*altamoda.*

PIL u. **PIN,** *Prodotto Interno Lordo* bzw. *Netto.* Brutto- bzw. Nettoin- landsprodukt.

pinacoteca ↑Museen, Galerien, Pina- kotheken.

pinzimonio. Weiße, dickliche Soße zu rohem Gemüse aus ↑ *Olivenöl,* Salz u. Zitrone.

pizza. Hefeteigfladen, der z.B. nach neapolitanischer Art mit ↑*Olivenöl,* Schmalz, Salz, Pfeffer u. Origano (↑*Kräuter*) bestreut u. mit Tomaten, Mozarella (↑*Käse*) u. Anschovis über- backen wird.

pizzaiola, alla ~ . ‚Nach Pizza Art', Rouladen, die mit Tomaten, Knob- lauch, Origano, Salz, Pfeffer u. ↑*Oli- venöl* in der Pfanne zubereitet werden.

pizzoccheri ↑pasta.

PL ↑Prima Linea.

PLI, *Partito Liberale Italiano* ↑Par- teien.

PM, *Polizia Militare.* Militärpolizei.

PM, *Pubblico Ministero.* Staatsanwalt u. Staatsanwaltschaft.

PNF, *Partito Nazionale Fascista.* Fa- schistische Nationalpartei, 1921

gegr., 1945 endgültig aufgelöst (↑*fa- scismo*) u. von der republikanischen Verfassung restlos verboten (↑*Par- teien*).

PNL u. **PNN,** *Prodotto Nazionale Lordo* bzw. *Netto.* Dasselbe wie ↑*PIL* bzw. *PIN.*

polenta. Maisbrei aus Maisgrieß u. Wasser o. Milch. Wird vor allem in Norditalien mit nach Region unter- schiedlichen Rezepten zubereitet, z.B.: *p. taragna* aus dunklem Korn u. Mais in Valtellina (Lombardia); *p. e osei,* d. h. mit kleinen Vögeln, in Ve- neto.

POLFEM, *Polizia Femminile.* Weib- liche Polizei.

POLFER, *Polizia Ferroviaria.* Bahn- polizei.

POLSTRADA, *Polizia Stradale.* Ver- kehrspolizei.

Potere Operaio. ‚Arbeitermacht'; Nachfolgeorganisation des ↑*MS,* löste sich 1973 mit dem Ziel auf, als militan- te Avantgarde *(Autonomia Organiz- zata)* aller politischen Bewegungen tä- tig zu sein; ihre Führungsspitze war von ihrem Cheftheoretiker Toni Ne- gri (↑*Sette Aprile*) in Padova aufge- baut worden.

PP(I), *Partito Popolare (Italiano).* Ita- lienische Volkspartei, 1919 von Don Luigi Sturzo gegr., 1926 im ↑*fascismo* aufgelöst u. nach dessen Sturz unter dem Namen *Democrazia Cristiana* (↑*Parteien*) wiederaufgebaut.

PP SS ↑Partecipazioni Statali.

PP TT, *Poste e Telecomunicazioni.* Post- u. Fernmeldewesen; steht auch für das entsprechende ↑*Ministerium.*

PR, *Partito Radicale* ↑Parteien, ↑BR, ↑Organisationen, ↑Sette Aprile.

Präsident der Republik. Der P. wird alle 7 Jahre von den Mitgliedern des ↑*Parlaments* u. von 58 Vertretern der Regionen (3 pro Region, 1 für Val d'Aosta) gewählt. Als parteiunabhängiges Staatsoberhaupt erteilt er nach Konsultationen mit Vertretern von ↑*Parteien,* ↑*Gewerkschaften,* Banken u. Wirtschaft den Auftrag zur Regierungsbildung. Dem Parlament gegenüber hat er ein aufschiebendes Vetorecht, er darf das Parlament auflösen, (jedoch nicht in den letzten 6 Monaten seiner Amtszeit), ist Oberbefehlshaber der Streitkräfte (↑*Consiglio Sup. delle Forze Armate*) u. Vorsitzender des Obersten Rats des Richterstandes (↑*Consiglio Sup. della Magistratura*), zur Seite steht ihm das Präsidialamt. Die P. seit 1946: Enrico De Nicola, erster und vorläufiger Präsident der Republik (1946–1948); 2. Luigi Einaudi, PLI (1948–1955); 3. Giovanni Gronchi, DC (1955–1962); 4. Antonio Segni, DC (1962– Rücktritt 1964 aus Gesundheitsgründen); 6. Giuseppe Saragat, PSDI (1964–1971); 7. Giovanni Leone, DC (1971–Rücktritt 1978 infolge eines Skandals um ihn u. seine Söhne); 8. Sandro Pertini, PSI (1978–1985); 9. Francesco Cossiga, DC (seit 1985). ↑*Consiglio di Stato,* ↑*DLCP,* ↑*DPR.*

prefetto ↑autonomie locali.

pressato ↑Käse.

prezzemolo ↑Kräuter.

PRG, *Piano Regolatore Generale.* Gesamtbauplan, der von jeder Gemeinde (↑*autonomie locali*) zur Planung der Bauentwicklung verabschiedet werden muß.

PRI, *Partito Repubblicano Italiano* ↑Parteien.

Prima Linea. ,Vorderste Linie'; die terroristische Organisation, von Sergio Segio parallel zu den ↑*BR* Anfang der 70er Jahre gegründet, war bis zu dessen Festnahme an zahlreichen terroristischen Anschlägen beteiligt; 1983 saßen 271 Mitglieder der PL (*piellini*) in it. Sicherheitsgefängnissen.

Prix Italia. International anerkannter Fernsehpreis, der seit 1957 von der *Televisione Italiana* während der jährlichen *Rassegna Radiotelevisiva* (↑*RAI-TV*-Ausstellung) an eine Fernsehproduktion vergeben wird. Älter (seit 1948) ist der jährliche *Premio Radiofonico Italiano* (Italienischer Rundfunkpreis).

profiterole. Windbeutel mit Schokoladencremefüllung; werden aufeinandergestapelt u. mit Schokolade übergossen.

prosciutto ↑Schinken u. Wurst.

Provenzali ↑Calabria, ↑Piemonte.

provincia. Die Provinz gehört zu den ↑*autonomie locali*; nach der Einführung der ↑*Regionen* 1972 hat sie als direktgewählte politische Verwaltungsstruktur an Gewicht verloren. Die ↑*Provinzkennzeichen* stellen die ersten zwei Buchstaben der Kraftfahrzeugkennzeichen.

Provinzkennzeichen (Autokennzeichen)

AG	Agrigento	GE	Genova
AL	Alessandria	GO	Gorizia
AN	Ancona	GR	Grosseto
AO	Aosta	IM	Imperia
AP	Ascoli Piceno	IS	Isernia
AQ	L'Aquila	LE	Lecce
AR	Arezzo	LI	Livorno
AT	Asti	LT	Latina
AV	Avellino	LU	Lucca
BA	Bari	MC	Macerata
BG	Bergamo	ME	Messina
BL	Belluno	MI	Milano
BN	Benevento	MN	Mantova
BO	Bologna	MO	Modena
BR	Brindisi	MS	Massa-
BS	Brescia		Carrara
BZ	Bolzano	MT	Matera
CA	Cagliari	NA	Napoli
CB	Campobasso	NO	Novara
CE	Caserta	NU	Nuoro
CH	Chieti	OR	Oristano
CL	Caltanissetta	PA	Palermo
CN	Cuneo	PC	Piacenza
CO	Como	PD	Padova
CR	Cremona	PE	Pescara
CS	Cosenza	PG	Perugia
CT	Catania	PI	Pisa
CZ	Catanzaro	PN	Pordenone
EN	Enna	PR	Parma
FE	Ferrara	PS	Pesaro
FG	Foggia		e Urbino
FI	Firenze	PT	Pistoia
FO	Forlì	PV	Pavia
FR	Frosinone	PZ	Potenza

RA	Ravenna	TA	Taranto
RC	Reggio	TE	Teramo
	di Calabria	TN	Trento
RE	Reggio	TO	Torino
	nell'Emilia	TP	Trapani
RG	Ragusa	TR	Terni
RI	Rieti	TS	Trieste
RO	Rovigo	TV	Treviso
ROMA	Roma	UD	Udine
SA	Salerno	VA	Varese
SI	Siena	VC	Vercelli
SO	Sondrio	VE	Venezia
SP	La Spezia	VI	Vicenza
SR	Siracusa	VR	Verona
SS	Sassari	VT	Viterbo
SV	Savona		

provola ↑ Käse.

provolone ↑ Käse.

PS, *Pubblica Sicurezza,* ab 1981 *Polizia di Stato.* Staatspolizei.

PSdA, *Partito Sardo d'Azione* ↑ Parteien.

PSDI, *Partito Socialista Democratico Italiano* ↑ Parteien.

PSI, *Partito Socialista Italiano* ↑ Parteien.

psichiatria democratica. Die ‚Demokratische Psychiatrie' war eine Bewegung um den Psychiater Franco Basaglia (Venezia 1923–1980) u. seine Mitarbeiter der psychiatrischen Klinik von Gorizia, die für eine Reform der nationalen psychiatrischen Versorgung u. für völlige Abschaffung der psychiatrischen Anstalten eintraten (Bücher: *Morire di classe* 1969, *L'istituzione negata* 1971). Seit der Reform

1978 (Gesetz 180) wird anstelle der „Irrenanstalten" ein System von *Centri di salute mentale* (Zentren für geistige Gesundheit) aufgebaut, das die Patienten v. a. ambulant behandeln soll, um sie nicht von Familie u. sozialer Umgebung zu trennen.

Nach dem Vorbild der p. d. entstand im Laufe der 70er Jahre die *magistratura democratica* (Demokratische Justiz), ein Verband linker u. fortschrittlicher Juristen gegen die Korruption innerhalb der it. Justizverwaltung u. für eine Demokratisierung der Rechtsprechung.

PSIUP, *Partito Socialista Italiano di Unità Proletaria* ↑ Parteien.

PSU, *Partito Socialista Unificato.* Sozialistische Einheitspartei, unter diesem Namen waren 1960–1969 PSI u. PSDI vereinigt, bis die Sozialdemokraten den PSU verließen (↑*Parteien*).

Puglia. Die waldarme Region P. (91,3 km², 3,9 Mio. E.) hat bis auf die *Monti della Daunia* (1152 m) u. den *Promontorio del Gargano* (1055 m, den „Stiefelsporn") keine Berge, sie ist im Norden fruchtbares Hügelland u. zu über die Hälfte Ebene (z. T. Hochebene wie *Tavoliere delle Puglie, Le Murge*). Diese geologische Beschaffenheit, ein günstiges gemäßigtes Klima mit milden Wintern, dazu ein 2700 km langes Bewässerungssystem ermöglichen intensive Landwirtschaft: 1. Stelle in der nationalen Produktion von Artischocken, Zichorien, Fenchel, Hafer, Endivien, Kopfsalat (↑*Gemüse*); 2. bei Mandeln u. Weizen; 3. bei Auberginen, Paprika, Tomaten, Zucchi-

ni, Zwiebeln sowie in Fischfang u. Büffelzucht.

Die regionale Industrie besteht aus kleinen Werften bei Taranto, Bauxitförderung u. Salinen (die größte ist Margherita di Savoia, FG); außerdem entstanden in den letzten 30 Jahren mit Unterstützung der ↑*CASMEZ* in Bari, Brindisi u. Taranto zahlreiche kleine Industriegüterunternehmen zur Selbstversorgung der Region. Wirtschaftspolitisch umstritten u. ökologisch bedenklich ist die *Italsider*-Stahlhütte von Taranto (↑*cattedrali nel deserto*). Das traditionelle Handwerk umfaßt Keramikherstellung (Gallipoli, LE, Grottaglie, TA), Kupferarbeiten u. Teppiche (Alberobello, BA), Webarbeiten u. Stickereien (Martina Franca, TA). Der Tourismus konzentriert sich auf den Gargano u. die *Tremiti*-Inseln S. Domino, S. Nicola, Caprara, Pianosa.

Provinz- u. Regionshauptstadt ist Bari, Hafenstadt u. Sitz einer 1924 gegr. Universität, seit 1930 auch wegen der jährlichen *Fiera del Levante* bekannt, Erscheinungsort der regionalen Tageszeitung „La Gazzetta del Mezzogiorno". In allen übrigen Provinzhauptstädten erscheinen auch Provinz- o. Stadttageszeitungen: in Brindisi „Quotidiano di Brindisi", in Foggia „Qui Foggia", in Lecce (seit 1956 Universität) „Quotidiano di Lecce", in Taranto „Corriere del Giorno" u. „Quotidiano di Taranto". Bis heute gebräuchlich sind die aus der Zeit der Häuser Anjou u. Aragon (13./14. Jh.) stammenden Provinznamen *Capitanata* (westl. von Foggia), *Terra di Bari* (die Ebene von Bari) u. *Terra d'Otranto* (zwischen Brindisi u. Otranto). Geologische u. kulturelle

Eigenständigkeit hat auch der *Salento*, der Südostteil der Region, dessen drei Mundartvarianten den Bereich *Salentino* im System *Meridionale Estremo* (↑*Sprache u. Dialekte*) bilden. Das *Pugliese* (drei Varianten) der übrigen Region gehört dagegen zum System *Meridionale Intermedio*. In P. gibt es eine Reihe von ↑*Griechen*-Gemeinden: Castrignano dei Greci, Corigliano, Martano, Martignano, Melpignano, Soleto, Sternatia, Zollino (FG), außerdem die kleinen von ↑*Albaniern* bewohnten Orte Casalvecchio u. Chieuti (FG).

Zeitgenöss. Autoren aus u. über P.: T. di Ciaula (geb. 1941), R. Carrieri (geb. 1905), G. Cassieri (geb. 1926), N. Palumbo (geb. 1921). ↑*Regionen*, ↑*Provinzkennzeichen*, ↑*Museen*, ↑*Klöster*, histor. ↑*Festspiele*, ↑*musica classica*, ↑*Naturschutzgebiete*, ↑*trulli*, ↑*energia nucleare*, ↑*pasta*, ↑*Obst*, ↑*Olivenöl*, ↑*Käse*.

Punt e mes. ‚Eineinhalb Punkte'; ↑*amaro* der Firma Carpano.

Q

Quattrocento ↑Literatur.

questione morale. Eine ‚Frage der Moral' ist die Bekämpfung der Korruption im Staat, die vom PCI (↑*Parteien*) verlangt wird.

questura ↑Regionen, ↑autonomie locali.

R

rabarbaro. Alkoholischer Aperitif

(15%ig) aus chinesischen Rhabarberwurzeln.

raccordo ↑Autobahnen.

ragù *m.* Ragout nach neapolitanischer Art: für 400 g Spaghetti, aus Stücken von Schweine- o. Rindfleisch (800 g) mit ↑*Olivenöl*, Knoblauch, Salz, Pfeffer, 2 Zwiebeln, 2 Karotten, Sellerie, einem Glas Rotwein, Tomatenmark u. einer Tasse ↑*sugo* zubereitet (Garzeit 2½ Std.). Das Fleisch wird als zweites Gericht gegessen.

RAI-TV, *Radio Audizioni Italiane-Televisione.* Italienische Rundfunk-u. Fernsehanstalten, lösten 1944 den 1924 gegr. *EIAR* (*Ente Italiano Audizioni Radiofoniche*, It. Amt für Rundfunksendungen) ab. Die RAI sendet täglich drei nationale Rundfunkprogramme, dazu die Sendungen aus 21 regionalen Sendezentren sowie folgende drei TV-Programme: *RAI Uno*, seit 1954, *RAI Due*, seit 1957, *RAI Tre*, seit 1979. Jährliche Kapazität: knapp 20000 Std. TV-Sendungen (an erster Stelle Sport, Nachrichten – ↑GR1, GR2, GR3 – u. Unterhaltungssendungen) u. knapp 60000 Std. Radiosendungen (an der Spitze Kulturprogramme, klassische Musik, Unterhaltungsmusik u. Nachrichten); ca. 11500 Std. sind für das Ausland bestimmt. Hinzu kommen seit 1984 täglich 50 Seiten Informationen auf Videotext. Struktur u. Funktion der RAI sind mit dem Gesetz 103 vom 14. April 1975 vom Parlament festgelegt worden, wonach sie als private Aktiengesellschaft (SpA) im staatlichen Auftrag „die Beteiligung der Bürger erweitern u. zur sozialen u. kulturellen Entwicklung des Landes im Einklang mit den Prinzipien der Verfassung beitragen" soll. Mit dieser *Riforma della RAI* wurde die RAI der direkten Kontrolle der Regierung u. somit der DC (↑*Parteien*) entzogen u. einem parlamentarischen Ausschuß unterstellt, aber unter den Parteien brach ein Kampf um die Kontrolle der Anstalten u. die Besetzung wichtiger Bereiche mit ihren ehemaligen Parlamentsmitgliedern aus. *RAI Uno* blieb weiterhin im Bereich der DC, während *RAI Due* ihren Koalitionsparteien zur Verfügung steht, *RAI Tre* als Kultursender mit geringem Nachrichtendienst scheint für die Parteien zweitrangig zu sein. Als Korrektive zum staatl. Monopol wurden 1976 mit einem Urteil des Verfassungsgerichts (*Corte Costituzionale*) *Radio e Tele libere* (Privatsender) zugelassen, die jedoch nicht auf nationaler Ebene senden dürfen. 1981 wurde der Regionalsender *Canale 5* mit Hauptsitz, Produktions- u. Sendeanlagen in Milano durch den Zusammenschluß von kleinen Regionalsendern in einen nationalen umgewandelt. Nach demselben System wurden 1982 *Retequattro* u. *Italia 1*, beide in Milano, aufgebaut. Trotz ca. 400 Privatsendern läßt aber die Informationsvielfalt zu wünschen übrig: die erfolgreichen wie *Canale 5* u. *Italia 1* (zu 52%) gehören dem internationalen Massenmedien-Unternehmer Silvio Berlusconi, *Retequattro* wird von Verlegern kontrolliert (Mondadori mit 50%, Perrone mit 25%, die Tageszeitung La Repubblica mit 11% u. a.). *Canale 5, Italia 1* u. *Retequattro* übertrafen *RAI Due* u. *RAI Tre,* z. T. sogar *RAI Uno* in der Zuschauergunst.

Rally Automobilistico San Remo. Das Autorennen findet Ende September auf einer 2500 km langen Strecke um San Remo (IM) statt u. bildet einen Teil der Weltmeisterschaft.

ramazzotti *msg.* Kräuterbitter (↑*amaro*).

ravioli ↑pasta.

RDT, *Repubblica Democratica Tedesca.* Deutsche Demokratische Republik.

Re di Maggio. ‚Mai-König' wird Umberto II. di Casa ↑*Savoia* genannt, der vom 2. Mai 1946, dem Tag der Abdankung des Vaters Vittorio Emanuele III. (1869–1947), bis zum 12. Juni 1946, dem Tag des Abflugs ins Exil (↑*Repubblica Italiana*) König Italiens war. Bereits am 12. April 1944 war er zum Statthalter (*Luogotenente*) des Königreichs Italien ernannt worden.

Referendum *m.* Das Rechtsmittel Volksentscheid ist durch Art. 75 der Verfassung folgendermaßen geregelt: „Zur gänzlichen oder teilweisen Aufhebung eines Gesetzes wird ein Volksentscheid anberaumt, wenn 500000 Wahlberechtigte oder 5 Regionalräte dies verlangen." Seit 1974 sind u. a. folgende wichtige R. abgehalten worden: für die Abschaffung der Ehescheidung (1974); gegen die öffentliche Finanzierung der ↑*Parteien* (1978); für die Abschaffung der Abtreibung (1981); gegen die Neuregelung der ↑*scala mobile* (1985); alle gingen mit negativen Ergebnissen für die Initiatoren aus, so daß die Gesetze in Kraft blieben. 1987 haben sich die

Italiener in 5 weiteren R. dafür ausgesprochen, daß die Richter für nachgewiesene Fehlentscheidungen haften müssen, daß über Fehlverhalten von Ministern gewöhnliche Gerichte befinden sollen, daß der Bau von Kernkraftwerken (↑*energia nucleare*) eingeschränkt werden soll, daß die ↑*ENEL* sich nicht an ausländischen Nuklearprojekten beteiligen soll und daß die ↑*Regionen* keine Subventionen beim Bau von Atomkraftwerken erhalten sollen.

Regata della Giraglia. Die Regatta um die Insel Giraglia vor San Remo (IM) ist Teil der Mittelmeermeisterschaft für Segelboote.

Regierung. Die R. (Sitz im Palazzo Chigi in Roma) übt durch ihre Organe Ministerpräsidium *(Presidenza del consiglio)*, Ministerrat *(Consiglio dei ministri)* u. die ↑*Ministerien* die exekutive Gewalt aus. Die Goria-Regierung (August 1987 – April 1988) setzte sich z. B. folgendermaßen zusammen: 15 Minister u. der stellvertretende Ministerpräsident aus der DC, 5 Minister u. der Ministerpräsident aus dem PSI, weitere 3 jeweils aus dem PRI u. aus dem PSDI, 2 aus dem PLI (↑*Parteien*, ↑*Consiglio di Stato*, ↑*Corte dei Conti*).

Regionen. Die Republik Italien gliedert sich in 20 R. *(regioni)* mit 95 Provinzen *(province*, ↑*Provinzkennzeichen)*:
Norditalien: Aostatal (↑*Val d'Aosta*), ↑*Emilia-Romagna*, Friaul-Julisch Venetien (↑*Friuli-Venezia Giulia*), Ligurien (↑*Liguria*), Lombardei (↑*Lombardia*), Piemont (↑*Piemonte*),

Trentino-Südtirol (↑*Trentino-Alto Adige*), Venetien (↑*Veneto*). Mittelitalien: Latium (↑*Lazio*), Marken (↑*Marche*), Toskana (↑*Toscana*), Umbrien (↑*Umbria*). Süditalien u. Inseln: Abruzzen (↑*Abruzzi*), Apulien (↑*Puglia*), ↑*Basilicata* (o. *Lucania*), Kalabrien (↑*Calabria*), Kampanien (↑*Campania*), ↑*Molise*, Sardinien (↑*Sardegna*), Sizilien (↑*Sicilia*).

Die Hauptverwaltungsgremien der R. sind Regionalrat u. Regionalregierung, beide i. d. R. in der jeweiligen R.hauptstadt (Ausnahme: Trentino-Alto Adige); die Provinzverwaltung sitzt in der jeweiligen Provinzhauptstadt. Zentralregierung u. Innenministerium sind durch *Commissariato del governo* (Regierungskommissariat) in der R.hauptstadt sowie durch *Prefettura* (Präfektur) u. *Questura* (Polizeipräsidium) in den Provinzhauptstädten vertreten.

5 R. (Val d'Aosta, Trentino-Alto Adige, Friuli-Venezia Giulia, Sardegna, Sicilia) haben historisch u. geographisch bedingt ein Sonderstatut, „besondere Formen u. Bedingungen der Autonomie".

Religionen. Man schätzt, daß mindestens 90 % der it. Bevölkerung sich zur *Katholischen Kirche* bekennen. Da in It. keine Kirchensteuer zu zahlen ist (↑*Konkordat*), fehlt diese Kontrolle über die Mitgliederzahl; andererseits ist die Möglichkeit, aus der Kirche auszutreten, in It. nicht vorgesehen. Aufschlußreich für die veränderte religiöse Einstellung in It. ist die ständige Zunahme der rein standesamtlichen Ehen – viele sind sicherlich zweite Ehen, die nicht kirchlich geschlossen werden dürfen –, außerdem

das zustimmende Ergebnis der Volks-
abstimmungen zur Ehescheidung u.
zur Einführung des Schwanger-
schaftsabbruchs entgegen der offiziellen Empfehlung der Kirche (↑*Referendum*). Nach Zählungen von 1986
gibt es 228 Diözesen, ca. 39500 Pfar-
rer u. 158500 Ordensmitglieder – davon 137500 Frauen.

*Federazione delle Chiese Protetanti
in Italia:* Der Bund der protestanti-
schen Kirchen in It., 1967 gegr., zählt
heute knapp 50000 Mitglieder u. vertritt folgende Konfessionen: *Chiesa
Luterana* (Lutherische Kirche) mit
Hauptsitz in Roma, 20100 Mitglieder. – *Chiesa Evangelica Metodista
d'Italia* (Evangelische methodistische
Kirche Italiens) mit Hauptsitz in Roma, 4000 Mitglieder. – *Tavola Valdese*
(Waldenser, ca. 25000 Mitglieder
1977) mit Hauptsitz in Roma, jedoch
lebt der größte Teil der Gemeinde in
den Tälern um Torre Pellice (TO).
Hier entstanden die Hauptinstitutio-
nen der Waldenser, nachdem König
Karl Albert von Piemont-Sardinien
ihnen 1848 das Religionsrecht einge-
räumt hatte: der *Tempio Valdese* als
Kultzentrum, der Synodesaal für die
jährliche Sitzung des Verwaltungsgre-
miums, das historische Museum zur
Geschichte der Waldenser in It., die
Casa Valdese mit der einzigen Wal-
denserbibliothek It.s, der *Collegio
Valdese* mit dem Herbarium Rostan,
einer Sammlung von Alpenflora. Wal-
denserfeiertage: „Glorreiche Rück-
kehr" (17. Febr.) u. „Emanzipation"
(15. August). Die Beziehungen zwischen it. Staat u. *Tavola Valdese* sind
1984 in einem Abkommen neu definiert worden. – *Unione Cristiana
Evangelica Battista d'Italia* (Baptisti-

sche Union Italiens) mit Sitz in Roma,
knapp 5000 Mitglieder.

*Unione delle Comunità Israelitiche
d'Italia* (Union der jüdischen Gemeinden Italiens), gegr. 1930, Hauptsitz in Roma, 22 Gemeinden mit
knapp 40000 Mitgliedern. Im neuen
Abkommen mit dem it. Staat von
1987, das ein Gesetz aus dem Jahr
1930 ersetzt hat, wird den Juden das
Recht auf arbeitsfreie Samstage, steu-
erfreie Beiträge für ihre Gemeinde sowie auf Respekt vor ihren Kleidungs-
u. Eßvorschriften zugestanden.

Muslims werden auf ca. 150000 geschätzt, meist sind es Ausländer arabi-
scher Herkunft. Die größten Gemeinden befinden sich in Roma (knapp
25000 Mitglieder im *Centro Islamico
d'Italia*, Islamisches Zentrum Italiens), in Milano, Catania, Torino,
Genova, Napoli.

In den letzten 3 Jahrzehnten haben
sich überall in It. die *Zeugen Jehovas*
verbreitet, es fehlen jedoch konkrete
Angaben über die Stärke ihrer Gemeinden (nach Selbsteinschätzung
150000). – Kleine religiöse Minderheiten innerhalb der katholischen Religion stellen die ↑*Albaner*, ↑*Kroaten*
u. ↑*Slowenen* sowie die ↑*Griechen*
mit ihrer spezifischen Liturgie dar.

Repubblica di Salò ↑RSI.

Repubblica Italiana. Die italienische
Republik wurde mit dem Referendum
vom 2. Juni 1946 gewählt, in dem
12718641 Stimmen für die Republik
u. 10718502 für die Monarchie der
Casa ↑*Savoia* abgegeben wurden.

resistenza. Politischer u. bewaffneter
Widerstand linker u. demokratischer

Kräfte It.s (vom PCI bis zur DC, ↑*Parteien*) gegen das faschistische Regime (↑*fascismo*) von Benito Mussolini u. gegen seine deutschen Alliierten in der Endphase des Zweiten Weltkrieges (September 1943–April 1945). ↑*CLN*, ↑*CLNAI*.

RFT, *Repubblica Federale Tedesca*. Bundesrepublik Deutschland.

ricevuta fiscale. ‚Steuerbescheinigung', eine Maßnahme gegen Steuerhinterziehung: Der Kunde ist verpflichtet, bei jedem Einkauf u. jeder Dienstleistung eine r. f., d. h. die gesetzliche Rechnung, zu verlangen, sie aufzubewahren, solange er sich in der Nähe der Ankaufs- o. Dienstleistungsstelle aufhält, sie ggf. dem Steuerfahnder zu zeigen.

ricostruzione *f.* Der ‚Wiederaufbau' des Landes nach dem Zweiten Weltkrieg wurde 1946 mit einer staatlichen Anleihe (*Prestito della r.*) eingeleitet, jedoch nur durch den Marshall-Plan (1947–1952) ermöglicht u. zu Ende geführt.

ricotta ↑Käse.

rigatoni ↑pasta.

Rinascente. Das erste it. Kaufhaus, 1918 in Milano eröffnet; heute ein Kaufhausring mit modisch u. qualitativ anspruchsvollem Warenangebot. ↑*STANDA*, ↑*UPIM*.

Rinascimento. Während der Renaissance (Mitte des 15. Jh. bis Mitte des 16. Jh.) erlebten Kunst, ↑*Literatur* u. Philosophie in It. einen noch nie dage-

wesenen Aufschwung. Als Zentren des R. gelten Roma, Firenze, Milano, Venezia.

riserva ↑Wein.

riso, risotto. Reisgericht, das je nach Region nach den verschiedensten Rezepten zubereitet wird. Piemonte u. Lombardia sind die Zentren der it. Reisproduktion.

risoni ↑pasta.

Risorgimento. ‚Wiedererstehung'; Prozeß der Befreiung u. Einigung It.s als Königreich unter Führung der Casa ↑*Savoia* (1820–1870).

robiola ↑Käse.

rognoni. Nieren(gericht); *rognonata*: Nierenbraten.

Roma. Gemeinden von seßhaften R. finden sich überall in Süditalien; ihre Zahl wird auf 60000–90000 geschätzt. Sie arbeiten als Schmiede u. Tagelöhner u. handeln mit gebrauchten Gegenständen. Unter sich sprechen sie ihre eigene Sprache, das *Romanés*. ↑*Sinti*.

Romanticismo ↑Literatur.

rosmarino ↑Kräuter.

RSI, *Repubblica Sociale Italiana*. Die kurzlebige Italienische Soziale Republik (September 1943–April 1945) war von Benito Mussolini (↑*fascismo*) mit Unterstützung Adolf Hitlers gegründet worden. Sie hatte ihren Sitz in Salò (BS), wurde daher auch *Repubblica di Salò* genannt.

RSM. Autokennzeichen für *Repubblica di* ↑*San Marino.*

rucola o. **rughetta** ↑Kräuter.

ruota ↑Lotto.

S

SA, *Società Anonima* o. **SpA,** *Società per Azioni.* Aktiengesellschaft.

sagra. Kirchweih; Volksfest um eine kulinarische Spezialität wie *s. della stiacciata* (einfacher Osterkuchen) in der Toscana o. um landwirtschaftliche Produkte wie *s. del vino* (Weinfest) o. *s. delle castagne* (Maronifest) u. a. ↑*Folklore-Veranstaltungen.*

sale e tabacchi. Wörtl. Salz u. Tabak, also ehemalige Monopolprodukte; heute Bezeichnung eines Geschäftes, wo u. a. auch *valori bollati,* d. h. Briefmarken, amtliche Stempelmarken u. ↑*carta bollata* verkauft werden.

saltimbocca *m.* ,Sprünge in den Mund'; kleine Röllchen aus Kalbfleisch, mit Schinken u. Salbei gefüllt u. in Butter gebraten.

salvia ↑Kräuter.

sambuca. Anislikör mit 35% Alkohol; oft wird er mit einer Kaffeebohne, *con la mosca* ,mit der Fliege', getrunken.

San Marino. Die Republik von S. M. (60,57 km², 22' E.) besteht aus dem Berg Titano (743 m) u. einigen Hügeln u. liegt westlich von Rimini (FO), an der Grenze zwischen Romagna u. Marche. Schon im Mittelalter freie Kommune, wird S. M. heute aufgrund der mehrmals geänderten Verfassung aus dem Jahr 1263 von 2 *Capitani Reggenti* (Regierende Kapitäne) u. vom *Consiglio Grande e Generale* (Großer u. Allgemeiner Rat) aus 60 Volksvertretern regiert u. ist durch ein „ewiges Bündnis" unter den Schutz It.s gestellt. Es wird italienisch gesprochen. Die von S. M. herausgegebenen Münzen u. Briefmarken sind für Sammler gedacht, Verkehrswährung ist die it. Lira. Hauptstadt u. Sitz der Verwaltungsorgane der Republik ist S. M. mit 4600 E. Wichtige Wirtschaftsbereiche: Fremdenverkehr u. Handwerk (dessen Produkte an die Besucher verkauft werden), etwas Ackerbau auf den umliegenden Hügeln. Hauptparteien: DC u. PCI; Religion: röm.-katholisch. Schulbildung: bis zum Abitur in S. M., danach in It., wo weitere 16000 *Sammarinesi* leben. *histor.* ↑*Festspiele.*

Sardegna ist von Genova, Livorno, Civitavecchia, Napoli u. Palermo aus mit Fähren der *Società Tirrenia* o. staatl. Linien erreichbar; zur Region gehören auch die folgenden kleineren Inseln: *Montorio* (vor der *Costa Smeralda,* nur privat erreichbar), *Caprera* (Naturschutzgebiet), *La Maddalena, Spargi, Razzoli* (von Santa Teresa di Gallura u. Pàlau [SS] aus), *Asinara* (gesperrt, landwirtschaftl. Strafanstalt), *Mal di Ventre* (nur privat erreichbar), *S. Pietro* u. *Sant'Antioco* (von Porto Vesme [CA] aus).

Das Klima der dünn besiedelten Region (24' km², 1,6 Mio. E.) ist sehr warm u. niederschlagsarm (halb soviel

Regen wie z. B. in Firenze), es wehen der feuchtwarme *Scirocco* aus S, der feuchte *Libeccio* aus SW in den Bergen, der *Ponente* aus W, durch die große Ebene *Campidano* stürmt aus NW der *Maestrale*.

Abgesehen vom *Campidano* besteht S. vorwiegend aus Hügellandschaft; hier weiden ein Drittel aller it. Schafe u. ein Viertel der it. Ziegen, es gibt 30000 Hirten. Traditionell werden Oliven u. ↑*Wein* angebaut, daneben Hartweizen, ↑*Zitrusfrüchte*, Futtermittel, in den letzten Jahren zunehmend ↑*Gemüse* (1. Stelle in It. bei Artischocken).

S. besitzt als einzige Region neben der ↑*Toscana* Bodenschätze: bei Sulcis u. Iglesiante wird Kohle gefördert, außerdem gibt es Zinn, Kupfer, Aluminium, Mangan u. Blei. Der Aufbau der petrochem. Industrie bei Càgliari, Ottana (NU) u. Porto Torres (SS), um S.s günstige Lage auf dem Erdöltransportweg von Nordafrika nach Europa auszunutzen, ist umstritten (↑*cattedrali nel deserto*). Nahrungsmittelindustrie (Milchprodukte, ↑*Olivenöl*, Zucker, Teigwaren, Wein) u. Baustoffproduktion entwickeln sich gut. Das Handwerk bearbeitet die typ. sard. Rohstoffe wie Kork, Korallen, Häute, Palmen, Holz, Kürbisse (Wasser- u. Weingefäße). Nach der Entdeckung der Costa Smeralda (SS) für den Nobeltourismus in den 60er Jahren mit Hilfe von ausländischem Kapital sind große Teile der Insel touristisch gut erschlossen worden. Insgesamt ist aber die Arbeitslosigkeit in S. sehr hoch (17%), das Bruttosozialprodukt liegt um ein Viertel unter dem nationalen Durchschnitt.

Infolge der Bestrebungen nach po-

lit. u. sprachl. Autonomie sind in S. die alten Namen der Landschaft, die sich nicht mit den neuen Verwaltungseinheiten decken, erhalten geblieben: zur Provinz Càgliari gehören *Sulcis*, *Iglesiante*, *Campidano* (ohne nördl. Teil), *Sàrrabus*, *Gerrei*; in der Provinz Oristano liegen der nördl. *Campidano* u. *Arborea*; *Loguodoro*, *Anglona*, *Gallura* bilden die Provinz Sassari; die gebirgige *Barbagia*, *Baronie* u. *Sarcidano* bilden die Provinz Nuoro.

In Càgliari, der Regionshauptstadt, u. in Sàssari befinden sich seit 1606 bzw. 1562 Universitäten, hier erscheinen auch die regionalen Tageszeitungen „L'Unione Sarda" bzw. „La Nuova Sardegna".

Die sard. Autonomisten kämpfen weiterhin für die Anerkennung des Sardischen als Amtssprache, eine Entscheidung, die in der Autonomie der Region selbst liegt. Das Sardische wird in den Hauptvarianten *Logudorese-Campidanese* u. *Gallarese-Sassarese* gesprochen (↑*Sprache u. Dialekte*). In Alghero (SS) leben spanisch sprechende ↑*Katalanen*, deren Zahl jedoch abnimmt.

Zeitgenöss. Autoren aus u. über S.: G. Deledda (1871–1936), Literaturnobelpreisträgerin, G. Dessi (1909 bis 1977), E. Lussu (1890–1975), G. Ledda (geb. 1938). ↑*Regionen*, ↑*Provinzkennzeichen*, ↑*Parteien*, ↑*Museen*, ↑*musica leggera*, ↑*nuraghe*, ↑*Klöster*, ↑*Naturschutzgebiete*, ↑*Volksmusikinstrumente*, ↑*Jahrmärkte*, ↑*Folklore-Veranstaltungen*, ↑*Käse*, ↑*pesce spada*.

Sassi di Matera. Zwei Stadtviertel, *Sasso Caveoso* u. *Sasso Barisano* am östlichen Stadtrand von Matera (Basilicata), verbunden durch die *Strada* *panoramica dei Sassi* mit Blick auf die kleinen Häuser, die teilweise in die Felswand geschlagen sind; heute Nationaldenkmal.

Savoia, Casa di ~ . Das Haus Savoyen herrschte ab 1720 im Königreich von Piemonte u. Sardegna u. stellte 1861 mit Vittorio Emanuele II. (1820–1878) den ersten König des wiedervereinten It. (↑*Risorgimento*). Mit der Einführung der Republik (↑*Repubblica Italiana*) mußten die Mitglieder des Königshauses It. verlassen, u. nach der XIII. Übergangsbestimmung der it. Verfassung (↑*Costituzione*) ist ihnen u. allen männlichen Nachkommen „das Betreten des Staatsgebietes und der Aufenthalt in ihm verboten".

scala mobile. Die ‚gleitende Lohntreppe' geht auf ein Abkommen vom 6. 12. 1945 zwischen ↑*CGIL* u. ↑*Confindustria* zurück, das vereinbarte, die Löhne u. Gehälter den Lebenshaltungskosten in einem 3monatigen Turnus nach einem ausgehandelten Punktesystem anzupassen. Nach langen Auseinandersetzungen um eine Neuregelung dieses „Inflationsfaktors" wurde die S. 1983 von der Regierung Craxi per Dekret (↑*DCG*) um einige Punkte gekürzt (↑*Referendum*).

scaloppa o. **scaloppina.** Naturkalbsschnitzel.

scamorza ↑Käse.

Scapigliatura, auch *Scapigliati* ‚die Zerzausten'; Mailänder Literaten- u. Künstlergruppe der 2. Hälfte des Ot-tocento (↑*Literatur*) um den Literaturkritiker Giuseppe Rovani (1818 bis 1874) (nach dem Roman „La scapigliatura ed il 6 febbraio" von Cletto Arrighi alias Carlo Righetti, 1830–1906), die sich als Gegenbewegung zum späteren Romantizismus verstanden; u. a. der Architekt u. Schriftsteller *Camillo Boito* (1836 bis 1918), Autor von „Senso. Storielle vane" (Senso. Das geheime Tagebuch der Contessa Livia), 1954 von Luchino Visconti verfilmt, u. der Maler *Tranquillo Cremona* (1837–1878).

Schinken u. Wurst. *Bresaola:* Luftgetrocknetes Rindfleisch aus der Valtellina, wird in hauchdünnen Scheiben mit Salz, Olivenöl u. Zitrone als Vorspeise zubereitet. *Capicollo*: ‚Kopf u. Hals', luftgetrockneter Schinken aus den südlichen Regionen, für die Selbstversorgung der Bauernfamilien gedacht; aus Schweinefleisch, mit Meersalz trocken gepökelt u. mit rotem Paprika gewürzt; mit Schilfrohrstäbchen fest gebunden reift der *capicollo* innerhalb von 9–12 Monaten. *Cacciatori* o. *cacciatorini*: luftgetrocknete, kleine Würste aus Schweine- u. Rindfleisch, mit Salz u. anderen Naturaromastoffen abgeschmeckt; werden in Norditalien sowohl in handwerklichen Betrieben als auch von der Nahrungsmittelindustrie produziert. *Coppa:* kleiner Schinken aus Schweinenacken, der im Norden bis in den Lazio hinein hergestellt wird; nach der Behandlung mit Salz und Naturaromastoffen Reifezeit von 4–6 Monaten an der Luft; berühmt ist die *coppa* von Piacenza u. Parma. *Cotechino:* im Naturdarm luftgetrocknete Kochwurst aus magerem Schweinefleisch, vermischt mit fein gemahlener *cotenna* (,Schweineschwarte', daher der Name). *Lonza:* luftgetrocknete Schweinelende (in Umbria Schweinehals), etwas dünner u. länglicher als die *coppa*, nach demselben Verfahren hergestellt (nicht zu verwechseln mit ↑*lonzi*). *Luganega:* im Veneto längere Schweinswurst, die gerne zu ↑*polenta* gegessen wird; der Name bedeutet eigentlich ,nach Lucania-Art'. *Mortadella:* aus sehr feinem, mageren Fleischteig, mit Schweinespeckwürfeln versetzt; sie kann aus *puro suino* (reinem Schweinefleisch) o. aus einer Rind- u. Schweinefleischmischung hergestellt werden; ursprüngl. aus der Emilia-Romagna, wird jedoch von der Industrie in ganz It. produziert. *Prosciutto:* der in ganz It. verbreitete klassische Schweineschinken aus der hinteren Keule, der sowohl von den Bauern für die Selbstversorgung als auch in handwerklichen o. Industriebetrieben auf dieselbe Art hergestellt wird: trockene Pökelung des Schweinefleisches mit Meersalz, Behandlung mit Naturaromastoffen, Reifung an der Luft u. Lagerung (9–15 Monate). Führend aufgrund von Tradition u. Quantität: *Prosciutto di Parma, Prosciutto San Daniele* (UD) u. *Prosciutto Veneto*, alle durch einen örtlichen ↑*consorzio* geschützt u. an dessen Brandstempel erkennbar: eine fünfzackige Krone für den *Prosciutto di Parma*, eine Schinkensilhouette mit der Aufschrift *SD* für den *Prosciutto San Daniele*, der Markuslöwe für den *Prosciutto Veneto*. *Salume tipo Milanese* wird mit dem gleichen Fleischteig wie die *cacciatori* (s. o.) hergestellt. *Soprassa, sopressa* o. *soppressata:* aus magerem Schweinefleisch (im Süden

mit Paprika zubereitet); die gefüllten Naturdärme werden für eine gewisse Zeit unter Gewichte gelegt, um der Wurst durch das Pressen Festigkeit zu geben, u. dann luftgetrocknet. *Speck Tirolese:* Hinterschinken, nach einer Trockenpökelung einige Tage geräuchert u. dann mehrere Monate gelagert. *Zampone:* aus einer Mischung von magerem Schweinefleisch u. Speck, die in die Haut der vorderen Schweinsfüße (Zehen werden nicht entfernt!) gepreßt wird; typisch für die Emilia, er wird dort gekocht u. in Scheiben geschnitten mit Linsen serviert; in Roma typisches Essen für den Silvesterabend, weil die Linsen in diesem Zusammenhang die Bedeutung von Geldmünzen haben.

Schul- u. Bildungssystem. Trotz der Dezentralisierung der nationalen Verwaltung durch regionale Verwaltungsgremien (↑*Regionen*) bleibt das it. S. durch das ↑*Ministerium* für öffentlichen Unterricht zentralistisch bestimmt, in dessen alleinige Kompetenz Lehrerausbildung, Schulprogramm, Ferien- u. Prüfungstermine, Prüfungsfächer u. -aufgaben fallen. Die Regionen sind für strukturelle Details u. finanzielle Mittel verantwortlich.

Scuola dell'obbligo (Pflichtschule, bis zur Vollendung des 15. Lebensjahres) setzt sich zusammen aus: 1. der *scuola elementare* (Grundschule), sie umfaßt 5 Jahre in 2 Zyklen (1.–3. Jahr u. 4.–5. Jahr). Dort werden die 6–10jährigen unterrichtet in Italienisch, einer ersten Fremdsprache im 2. Zyklus, Mathematik, Naturkunde, Geschichte, Geographie, Sozialkunde, Kunsterziehung, Klang- u.

Musikerziehung, Bewegungserziehung, Religion. Die Teilnahme am Religionsunterricht setzt nach der Revision des ↑ *Konkordats* eine freie Entscheidung der Eltern voraus. 2. der *scuola media unica* (einheitliche Mittelschule) für die 11–13jährigen. Die Fächerschwerpunkte setzen sich im Stundenplan anders zusammen, u. die Schüler erhalten für die humanistischen u. naturwissenschaftlichen Fächer Fachlehrer.

Nach der Reform der *scuola media unica* 1962 u. der Einführung der neuen Programme für die *scuola elementare* ab dem Schuljahr 1987/88 wird z. Z. an einer Reform der *scuola media superiore* (die letzten 5 Jahre vor der *maturità*, dem Abitur) gearbeitet. Nach dem heutigen Stand ist sie in knapp 270 Varianten untergliedert. An ihrer Stelle ist die Einführung eines *liceo unico* (einheitliches Gymnasium) mit folgenden 4 Hauptbereichen geplant: Humanistischer Bereich, Kunst, Sozialwissenschaften u. Information sowie Naturwissenschaften u. Technik. Der Schüler soll innerhalb eines vorgegebenen Rahmens seine Fächer frei wählen können, nur die zwei Abschlußjahre werden inhaltlich festgelegt.

Gesprächspartner der Schulämter (*Direzione didattica, Provveditorato agli studi*) u. zuständig für die interne Verwaltung der einzelnen Schulen o. mehrerer Schulen zusammen sind jeweils die in direkter Wahl von Schülern, Eltern u. Lehrern bestellten *consiglio di classe* (Klassenrat), *consiglio di istituto* (Schulrat) u. *consiglio regionale* (Rat für eine bestimmte Schulregion).

Da die *Università degli studi italiane* (↑ *Regionen*) bis jetzt auf die Einführung des Numerus clausus verzichtet haben, darf sich nach bestandenem Abitur jeder in einem der z. Z. 700 *corsi di studi* (Studiengänge) der it. Universitäten immatrikulieren, um zu einem der 140 Diplome bzw. zu einer *laurea* (Abschluß) zu kommen. Nach einer feierlichen Abschlußdiskussion der *tesi di laurea* (Staatsexamensarbeit) vor einem zwölfköpfigen Prüfungsausschuß erhält der Kandidat im Namen des Gesetzes die *laurea di dottore* seines Studienfaches (z B. in *giurisprudenza*) u. darf sich *dottore* nennen. Im Falle eines 2. Staatsexamens wird dieser Titel gegen die Berufsbezeichnung ausgetauscht (z. B. *avvocato*, Rechtsanwalt; *notaio*, Notar; *giudice*, Richter). Seit 1983 ist der *dottorato di ricerca* (lt. Gesetz max. 2000 pro Jahr) eingeführt worden, eine 4jährige Ausbildung als Forscher mit abschließender Forschungsarbeit.

In den letzten Jahren zeigt sich ein deutlicher Rückgang der Schüler der ↑ *scuola materna, scuola elementare* u. *scuola media unica* infolge des vorangegangenen Geburtenrückgangs. Steigend bleibt die Besucherzahl der *scuola media superiore* u. der *università*, obwohl in diesen Bereichen schon das europäische Niveau erreicht worden ist.

scuola materna. Staatlicher Kindergarten, nimmt kostenlos Kinder im Alter von 3–5 Jahren auf. 1984/85 besuchten 85,3 % der Kinder die s. m. ↑ *Schulsystem*.

SCV. Autokennzeichen für *Stato Città del* ↑ *Vaticano*.

sedani ↑pasta.

sedano. Sellerie; wird roh als Stangensellerie mit ↑*bagna cauda* o. ↑*pinzimonio* gegessen; die Knolle, *s. di Verona*, wird ähnlich wie in der dt. Küche verwendet; mit den Blättern werden Suppen u. Soßen abgeschmeckt.

segretario ↑autonomie locali.

Seicento ↑Literatur.

seppia. Tintenfisch; die Tinte wird in Venezia u. in der Region für die Zubereitung des *risotto nero* (schwarzer Reis, ↑*riso*) verwendet.

Sette Aprile. Am 7. April 1979 wurden Toni Negri u. andere führende Mitglieder der linken Organisation *Autonomia Operaia* (↑*Potere Operaio*) unter dem Verdacht verhaftet, u. a. zusammen mit den ↑*BR* an der Entführung u. Ermordung des Präsidenten der DC (↑*Parteien*), Aldo Moro, beteiligt gewesen zu sein. Am 8. Juli 1983 wurde Toni Negri als neugewählter Abgeordneter des *Partito Radicale* – ein Protest gegen veraltete Haftgesetze – entlassen. Kurz vor Aufhebung seiner Immunität als Abgeordneter durch das Parlament am 21. September setzte sich Toni Negri nach Frankreich ab. Der lange Prozeß gegen die Gruppe *7 Aprile* endete 1984 mit 30 Jahren Haft für Toni Negri. 1987 sprach sich das Appellationsgericht für Strafminderungen u. Haftentlassungen aus – ein Einlenken des Staates, um zu einem juristischen Abschluß im Fall S. A. zu kommen!

Settecento ↑Literatur.

Seveso ↑Lombardia.

sfogliata. Gebäck aus Blätterteig mit einer Füllung aus *ricotta* (↑*Käse*) u. Zitronat.

SIAE, *Società Italiana Autori Editori.* Der it. Verband der Autoren u. Herausgeber entspricht seiner Funktion nach der deutschen GEMA.

SICF, *Società Italiana di Caccia Fotografica.* ‚It. Gesellschaft für fotografische Jagd‘, wurde 1973 in Milano von Egidio Gavazzi (↑*Organisationen*) mit dem Ziel gegründet, die Tier- u. Pflanzenwelt zu fotografieren, d. h. kennenzulernen u. zu schützen, anstatt zu zerstören.

Sicilia. Zur Region S. (25,7' km², 4,9 Mio. E.) gehören auch die *Lipari-* (*Eolie*)Inseln Vulcano, Lipari, Leni, Filicudi, Alicudi, Stromboli (erreichbar von Messina u. Milazzo [ME] aus), die *Egadi*-Inseln Favignana, Marittimo, Levanzo u. a. (von Trapani aus), *Ustica* (von Palermo aus), die *Pelagie*-Inseln Linosa u. Lampedusa (von Porto Empedocle [AG] aus), die *Pantelleria* (von Trapani aus).
Die waldarme Region besteht überwiegend aus fruchtbarem Hügelland, zu einem Viertel aus Bergland (Gebirgszüge: *Peloritani, Nebrodi, Madonie;* Vulkane: *Etna* 3340 m u. auf den Inseln *Vulcano* u. *Lipari*), größere Ebenen sind nur *Piana di Catania* u. *Conca d'Oro*. Das Klima ist heiß u. niederschlagsarm, es herrscht der Wüstenwind *Scirocco*, der oft roten Staub aus der Sahara herbeiträgt u. Tempe-

ratursprünge von bis zu 40° verursacht.

Schwerpunkt der siz. Wirtschaft (Bruttosozialprodukt um ein Drittel unter dem nationalen Durchschnitt, hohe Arbeitslosigkeit) ist die Landwirtschaft mit den ihr angeschlossenen Nahrungsmittelindustrien: 1. Stelle in It. bei Mandeln, ↑ *Zitrusfrüchten*, Esel-, Muli-, Pferdezucht, Thunfischfang (↑ *tonnara*), 2. bei Artischocken, Trauben, Zucchini, Hartweizen, Ziegenzucht, 3. bei Aprikosen, Nüssen, Oliven, ↑ *Olivenöl*, Schafzucht.

Lange Zeit wurde auf S. Schwefel gefördert, bis man nicht mehr mit dem billigen amerikanischen Schwefel konkurrieren konnte. Seit den 50er Jahren wird Erdgas u. Erdöl (aus dem Meer vor Gela) gefördert. Um Gela sowie bei Augusta (EN) u. Siracusa hat sich eine chem. u. petrochem. Industrie entwickelt; Hafen- u. Werftbetrieb herrscht in Palermo, Messina, Augusta, Gela.

Das Handwerk stellt Keramik, Flechtarbeiten, Kupferwaren, Stickereien u. Teppiche her, außerdem die berühmten bemalten Holzfiguren *(pupi)* u. Bauernwagen *(carretti)*. Der Tourismus ist noch im Aufbau.

Regions- u. Provinzhauptstadt u. Sitz einer Universität (gegr. 1777) ist Palermo, die übrigen Provinzhauptstädte sind Agrigento, Caltanisetta, Catania (Uni seit 1434), Enna, Messina (Uni seit 1548), Ragusa, Siracusa, Trapani.

Das Sizilianische gehört zum System *Meridionale Estremo* (↑ *Sprache u. Dialekte*) u. wird auf den Inseln in 7 Varianten gesprochen; außerdem leben hier 11–15000 ↑ *Albaner* in den Gemeinden Mezzojuso, Palazzo Adriano (PA), Santa Cristina di Gela (CL), Contessa Entellina, Piana degli Albanesi (PA), einige auch in einer Gemeinde in Palermo.

S. hat 5 eigene Tageszeitungen: „Espresso Sera" u. „La Sicilia" (CT), „Gazzetta del Sud" (ME), „Giornale di S." u. „L'Ora" (PA). Zeitgenöss. Autoren aus u. über S.: G. Verga (1840 bis 1922), L. Pirandello (1867 bis 1936), S. Quasimodo (1901–1968, Literaturnobelpreisträger), V. Brancati (1907–1954), E. Vittorini (1908–1966), L. Sciascia (geb. 1921), I. Buttita (geb. 1899). ↑ *Regionen*, ↑ *Provinzkennzeichen*, ↑ *mafia*, ↑ *Käse*, ↑ *cassata*, ↑ *averna*, ↑ *marsala*, ↑ *musica classica*, ↑ *musica leggera*, ↑ *Theaterfestspiele*, ↑ *Literaturpreise*, ↑ *Verismo*, ↑ *cantastorie*, ↑ *Volksmusikinstrumente*, ↑ *Folklore-Veranstaltungen*, ↑ *Museen*, ↑ *Klöster*, ↑ *Pasqua*, ↑ *Valle dei Tempi*, ↑ *Palazzo dei Normanni*, ↑ *Naturschutzgebiete*.

SID, *Servizio Informazioni della Difesa*. Nachrichtendienst der Verteidigung, hatte 1966 den *SIFAR* (*Servizio Informazioni Forze Armate*, Nachrichtendienst der Streitkräfte) nach dessen ungeklärter Beteiligung an einem geplanten Staatsstreich abgelöst, wurde dann selbst aus ähnlichen Gründen 1977 durch den ↑ *SISMI* ersetzt.

SIFAR ↑ SID.

Sinistra storica. Die demokratische u. republikanische Opposition im Turiner Parlament, dem ersten des Königreichs It. (↑ *Risorgimento*), löste unter Führung von Francesco Crispi

(1818–1901) durch die sog. *Rivolu-zione Nazionale* die ↑*Destra storica* von der Regierung ab.

Sinti. Ebenso wie bei den ↑*Roma* existieren für die S. keine offiziellen Angaben; zusammen werden sie auf ca. 50000 geschätzt. Die S. in Norditalien sind im Gegensatz zu den Roma nicht seßhaft geworden, sie leben immer noch von Pferdezucht u. kleinem Handel sowie von Zirkusdarbietungen.

SIP, *Società Idroelettrica Piemonte.* Die ‚Hydroelektrische Gesellschaft von Piemont' ist heute als *Società Italiana per l'Esercizio Telefonico* (It. Gesellschaft für Fernmeldewesen) Bestandteil des Konzerns ↑*STET* u. nach dem Aufkauf ähnlicher Gesellschaften 1964 allein verantwortlich für das Fernmeldewesen. ↑*gettone.*

SISDE, *Servizio per le Informazioni per la Sicurezza Democratica.* Nachrichtendienst für die demokratische Sicherheit, dem Minister des Inneren unterstellt.

SISMI, *Servizio per le Informazioni e la Sicurezza Militare.* Nachrichtendienst für die militärische Sicherheit seit der Auflösung des ↑*SID,* dem Verteidigungsministerium sowie dem Ministerpräsidenten unterstellt, enge Zusammenarbeit mit dem ↑*SISDE.*

Slowenen *(Sloveni).* Es gibt eine starke slowenischsprechende Minderheit in der Stadt u. Provinz von Triest(e) u. Görz/Gorizia sowie in der Provinz Udine (↑*Friuli*). Ihre Zahl ist umstritten: ca. 52000 nach offiziellen Anga-

ben, ca. 125000 nach Selbsteinschätzung.

SNAM, *Società Nazionale Metanodotti.* Nationale Gesellschaft für Erdgasleitungen, 1941 von der ↑*AGIP* u. a. mit dem Auftrag gegründet, Erdgasleitungen zu bauen u. zu warten, 1953 dem ↑*ENI* beigetreten, 1956 in die *SNAM-Progetti* (SNAM-Planung) umgewandelt mit dem Ziel, neben Erdgasleitungen auch Erdölanlagen sowie Chemie- u. Atomwerke zu entwickeln.

SNIA-Viscosa, *Società Nazionale Industria Applicazioni-Viscosa.* Nationale Gesellschaft für Viskose-Verarbeitungsindustrie, 1917 in Torino gegr., gehört heute zu ↑*MONTEDISON.*

soppressata ↑Schinken u. Wurst.

sorbetto. Wassereis aus Wasser, Zukker, Fruchtsaft u. Früchten.

sottogoverno. Mit der ‚Regierung unter der Regierung' ist die Macht jener öffentlichen Institutionen, Verwaltungsorgane, staatl. Finanz-, Wirtschafts-, Informations- u. Kulturbereiche gemeint, die in Konfliktsituationen gegen die Regierung o. unabhängig von ihr selbst Politik betreiben. Aufgrund eines regierungsinternen Proporzsystems (↑*lottizzazione*) wird der s. von der DC u. in zunehmender Weise vom PSI (↑*Parteien*) gesteuert.

SpA ↑SA.

spaghetteria. Neuartiges Speiselokal,

wo die verschiedensten Sorten von ↑*pasta* serviert werden, gilt als Gegenmaßnahme zum Vordringen von Fast-Food-Läden in den Großstädten.

spaghetti ↑pasta.

Sport. Nach einer Zählung des *Comitato Olimpico Nazionale Italiano* (Olympisches Nationalkomitee Italiens) von 1985 betreibt ein Sechstel der Italiener (ca. 10 Mio.) Freizeitsport in den versch. Berufssportverbänden. Am beliebtesten ist Fußball; es folgen Jagd u. Fischen, dann Volleyball, Basketball u. Tennis, dann Wintersport u. Boccia.

Sprache u. Dialekte. Neben Italienisch werden Französisch (Val d'Aosta) u. Deutsch (Trentino-Alto Adige) als Regionalamtssprachen verwendet, über die Zulassung von Friaulisch (Friuli) u. Sardisch (Sardegna) wird nach wie vor diskutiert.
Die Dialekte Italiens gliedern sich nach der *Carta dei Dialetti d'Italia*, die G. B. Pellegrini 1977 im Auftrag des ↑*CNR* erstellte, in 14 Hauptsysteme (bestehend aus 38 Bereichen in 65 Varianten). 1. *Franco-Provenzale:* in Val d'Aosta u. Piemonte; 2. *Provenzale:* nur an der heutigen piemontischen Grenze zu Frankreich; beide sind mit den neuromanischen Sprachgebieten Frankreichs jenseits der Alpen verbunden. 3. *Gallo-Italico:* sein Gebiet deckt sich mit den Verwaltungsgrenzen der Regionen Piemonte, Liguria, Lombardia u. Emilia-Romagna, es reicht bis in den Trentino u. den nördl. Teil der Marche. Hauptmerkmal dieses Systems ist die Korruption des Lateins durch die römi-

schen Siedler mit gallischer Muttersprache u. durch spätere Sprach- u. Kultureinflüsse aus dem römischen Gallien. Interne Unterschiede ergeben sich aus den verschiedenen vorher bestehenden Sprachvarianten (Substraten) u. aus Verlauf, Intensität u. Dauer der Kolonisierung der einzelnen Regionen. 4. *Veneto:* geht auf ein ursprünglich reines Latein zurück, das im Laufe der Jahrhunderte wiederholt ausländischen Einflüssen unterlag. 5. *Tedesco:* in Südtirol als Grenzbereich des Bairischen. 6. *Ladino:* rätoromanische Sprache im Grenzbereich Veneto-Südtirol (↑*Ladiner*), wird auch in Graubünden gesprochen. 7. *Friulano:* in den beiden Subregionen Friuli u. Venezia Giulia bis auf die Gebiete um Triest, die zum Veneto-System gehören, u. um Gorizia/Görz, wo 8. *Sloveno* (↑*Slowenen*) gesprochen wird. Hauptmerkmal des *Friulano* ist die Resistenz des karnischen Substrats gegenüber der Sprache der römischen Siedler. 9. *Toscano:* der einzige Dialekt It.s, der auf einer ungebrochenen Reinheit des Lateins basiert, was zusammen mit der frühen Entwicklung einer toskanischen Literatursprache u. der wirtschaftlichen Macht der toskanischen Städte (v. a. Firenze) während des ↑*Rinascimento* dazu führte, daß das *Toscano* zur Basis der heutigen it. Standardsprache wurde. 10. *Mediano*, 11. *Meridionale-Intermedio* u. 12. *Meridionale-Estremo* decken mit ihren zahlreichen Varianten die restlichen, südlichen Regionen It.s ab, bis auf Sardegna, wo die beiden Systeme 13. *Logudorese-Campidanese* u. 14. *Sassarese-Gallurese* gesprochen werden. Bezeichnend für die Systeme 10, 11 u. 12 sind: die

Widerstandsfähigkeit der italischen Sprachen (wie Picenisch, Osco-Umbrisch, Messapisch u. die Sprache der Bruttii u. Siculi; die 3 letzteren waren schon vor dem Latein in Berührung mit dem Griechischen gekommen) gegenüber dem Latein der Legionen, der Siedler u. der Verwaltung, die Wechselbeziehungen mit der Sprache aus Roma u. die späteren Einflüsse anderer Fremdsprachen vor allem in den Regionen südlich von Napoli (z. B. Arabisch, Französisch u. Spanisch). ↑*Albaner,* ↑*Griechen,* ↑*Katalanen,* ↑*Kroaten,* ↑*Roma* ↑*Sinti,* ↑*Walser.*

spumante ↑Wein.

spumone. Leichtes Schaumgebäck o. Schaumgefrorenes aus Eiweiß, Schokolade, Sahne u. Zucker.

Srl, *Società a responsabilità limitata.* Gesellschaft mit beschränkter Haftung (GmbH).

SS, *Santa Sede.* Heiliger Stuhl.

SS, *Strada Statale.* Staatsstraße (↑*ANAS*).

SS, *Sua Santità.* Seine (Ihre) Heiligkeit.

SSN, *Servizio Sanitario Nazionale.* Nationaler Gesundheitsdienst, 1980 auf Grund einer Reform des Gesundheitssystems von 1978 (Gesetz 833) eingeführt, um dem nationalen Gesundheitswesen eine einheitliche Pflichtstruktur zu verleihen. Der SSN untersteht dem ↑*Ministerium* für Gesundheit, das über einen *Fondo Nazionale Sanitario* (Gesundheitsnatio-

nalfonds) die gesamten Unkosten übernimmt, während die gesetzgeberische Arbeit von den einzelnen Regionen geleistet wird. Die unmittelbare medizinische Vorbeugung. u. Versorgung wird durch die ↑*USL* (*Unità Sanitaria Locale*) in den Gemeinden geleistet.

STANDA, *Società tutti Articoli Nazionali dell'Arredamento e Abbigliamento.* ,Gesellschaft für alle nationalen Einrichtungs- u. Bekleidungsgegenstände', Vertriebsgesellschaft mit Verkaufshäusern in jeder Provinzstadt It.s.

stelline ↑pasta.

STET, *Società Finanziaria Telefonica.* Finanzgesellschaft für das Fernmeldewesen (↑*SIP*).

Stil Novo, Stilnovo, Dolce Stil Novo. Der Name dieser Lyrikrichtung des *Duecento* (↑*Literatur*) ist den Versen 49–62 aus dem XXIV. Gesang des *Purgatoriums* der *Divina Commedia* entnommen worden, wo Dante (Alighieri) sich zur Schule des Dichters Guido Guinicelli (1230/1240 bis ca. 1276) bekennt. Dieser hatte in dem Lied *al cor gentil ripara amore* die Liebe u. die Frau als Quelle der Tugend bezeichnet. Von Dante wurde später die *Donna-Angelo* (Engelsfrau) als Weg zur moralischen Vollkommenheit u. zu Gott postuliert.

stoccafisso. Luftgetrockneter Kabeljau.

stracciatella. 1. Kraftbrühe mit geschlagenen Eiern u. geriebenem Käse, typ. für Lazio; 2. Eissorte mit Schokoladesplittern.

straccino ↑Käse.

Stracittà ↑Strapaese.

strangulaprevete ↑pasta.

Strapaese *m*. Literaturrichtung zwischen den Weltkriegen um den Autor u. späteren Verleger Leo Longanesi (1905–1957) u. den Romancier Curzio Malaparte (↑*Literatur*, Novecento), die die it. Literatur vor fremden Einflüssen schützen wollte. Als Gegenreaktion wurde von Massimo Bontempelli *Stracittà* für eine Entprovinzialisierung der damaligen Literatur ins Leben gerufen.

strega. 1. ‚Hexe‘, gelber Kräuterlikör aus Benevento; 2. Stifter des ↑*Literaturpreises Premio Strega*.

Südtirol ↑Trentino-Alto Adige.

Südtiroler Volkspartei ↑Parteien.

sugo di pomodoro. Tomatensoße neapolitanischer Art aus frischen, geschälten Tomaten mit Knoblauch, Basilikum, Salz, Pfeffer u. Petersilie (½ Std. Garzeit).

supplì *m*. ↑arancino.

SVIMEZ, *Associazione per lo Sviluppo del Mezzogiorno*. Gesellschaft für die Entwicklung in Süditalien, Studienzentrum mit Sitz in Roma.

SVP, *Südtiroler Volkspartei* ↑Parteien.

T

tagliatelle ↑pasta.

taleggio ↑Käse.

tangente. ‚Schutzgelder‘, (↑*camorra*, ↑*mafia*).

TAR, *Tribunale Amministrativo Regionale*. Regionales Verwaltungsgericht.

tartufo. Trüffel. In It. werden schwarze und weiße t. mit Hilfe abgerichteter Hunde (*cani da tartufo*) gesammelt. Berühmt sind die Piemonteser Trüffel aus Alba (*tuber magnatum*, weiß) u. Asti sowie aus Norcia in Umbrien (*tuber melanosporum*, schwarz). Die Universität von Torino betreibt auf dem Gutshof *Cascina Quasso a Gonengo* (AT) eine *tartufaia*, wo 1983 zum ersten Mal die Zucht eines 5 g schweren t. gelungen ist.

tavola calda. ‚Warmer Tisch‘; Schnellimbiß, auch mit Straßenverkauf für fertige Gerichte.

Tavola Valdese ↑Religion (Waldenser).

TCI, *Touring Club Italiano*. 1894 wurde in Milano der *Touring Club Ciclistico Italiano* (*TCCI*, It. Radfahr-Touring Club) als Verband von 57 Radfahrern gegr. u. mit dem Aufkommen des Autos in TCI umgewandelt. 1914 Einrichtung der Kartographie-Abteilung (*Carta d'Italia* 1 : 500 000), 1935 Veröffentlichung der ersten *Carta Automobilistica d'Italia*, nach der Zunahme des Tourismus in den 60er Jahren Handbücher wie *Alberghi e Ristoranti d'Italia* (Hotels u. Restaurants It.s), *Campeggi e villaggi turistici in Italia* (Campingplätze u. Feriendörfer in It.), *Parchi e Riserve naturali in Italia* (Parks u. Naturschutzgebiete in It.), seit 1971 die Mitgliederzeitschrift *Qui Touring*. In der Bundesrepublik werden die TCI-Karten vom Kümmerly+Frey-Verlag aus Bern vertrieben. In Zusammenarbeit mit dem ↑*CNR* erarbeitet der TCI z. Z. den ersten *Atlante Nazionale d'Italia*.

Tedeschi ↑Sprache u. Dialekte, ↑Trentino-Alto Adige, ↑Veneto, ↑Friuli-Venezia Giulia.

terza pagina. Die dritte Seite, das Feuilleton, mit Berichten über Literatur u. Kultur erschien zum ersten Mal 1901 in der Zeitung *Giornale d'Italia*. Heute ist sie Bestandteil jeder it. Tageszeitung, bis auf *La Repubblica*, die ein ausführlicheres Feuilleton bringt. ↑*Zeitungen*.

tesi di laurea ↑Schul- u. Bildungssystem.

Theaterfestspiele sind Teil der ↑*Estate italiana*. Sie werden von Theatergruppen mit eigenem Festspielplatz o. mit einem bestimmten Regisseur u. besonderem Programm veranstaltet: Festival Città di Benevento (September); Festival del Teatro per Ragazzi von Muggia bei Trieste (Ende Juni/Anfang Juli); Festival del Teatro von Pontedera (PI, Ende September); Festival Rassegna del Teatro Grande von Pompei (NA, Juli bis September), die Lignanopuppets von Lignano (UD,

Ende Juni), Rassegna Teatrale von Asti (Juli); Taormina Arte (ME, Mitte Juli/Anfang September), Versiliana con Prosa e Danza von Forte dei Marmi (LU, Juli bis Ende August).

timo ↑Kräuter.

tiramisú. Wörtl. ‚ziehe mich hoch‘; Süßspeise aus Schichten von Biskuits mit Creme aus *mascarpone* (↑*Käse*), Zucker u. Eiern. Die Biskuits werden in ↑*espresso* mit etwas Alkohol (↑*brandy* o. ↑*amaretto*) getränkt; das Ganze wird mit Kakaopulver bestreut.

tonnara. Ein sizilianisches Fischfangsystem aus Netzen, mit dem die *tonni*, die Thunfische, in die Enge getrieben werden bis in das letzte Netz (*camera della morte*, Todeskammer), wo nach uralter Tradition die *mattanza* (Tötung) der Fische mit langen Harpunen von den Booten aus vorgenommen wird.

topolino. ‚Mäuschen‘; 1. Micky-Maus-Hefte; 2. im Volksmund Name für den ersten ↑*FIAT* 500, der als preisgünstiges it. Familienauto zwischen 1936 u. 1956 509 646mal verkauft wurde.

torrone *m.* ‚Großer Turm‘; Weihnachtssüßigkeit aus Zucker, Mandeln u. Oblaten. Es gibt weiche u. harte t. mit o. ohne Schokoladenguß.

tortelli, tortellini, tortelloni ↑pasta.

Toscana. Zum Territorium der Region T. (23' km², knapp 3,6 Mio. E.) gehören auch folgende Inseln: *Gorgo-*

na u. *Capraia* (gesperrt, landwirtschaftl. Strafanstalt), *Elba* (Fähren von Livorno u. Piombino u. Piombino aus), *Pianosa* (von Piombino aus), *Giglio* (von Orbetello [GR] aus), *Palmarola, Le Formiche, Montecristo* (Naturschutzgebiet), *Pagana, Giannutri* (nur privat erreichbar).

Die T. ist ein dicht bewaldetes (38%), fruchtbares, niederschlagreiches Berg- u. Hügelland (*Amiata* 1738 m, *Giovo* 1991 m). Es wehen der feuchtwarme *Scirocco* aus Süden, der heftige *Libeccio* aus SO entlang der Küste u. die kalte *Tramontana* im Landesinnern von N.

Unterschiedlichste Naturlandschaften machen die Schönheit der Region aus: *Lunigiana* an der Grenze zu Liguria, *Garfagnana* zwischen Appennini u. Alpi Apuane, der *Mugello* nördl. von Firenze, *Casentino* u. *Val di Chiana* nördl. bzw. südl. von Arezzo, das Weingebiet *Chianti* nördl. von Siena u. vor allem die *Maremma*, südl. von Grosseto bis nach Lazio hinein, mit zahlreichen Naturschutzgebieten: der Regionalpark *Maremma* mit üppiger ↑*macchia mediterranea*, die *Tomboli* bei Cecina (PI) u. bei Follonica (GR), die Lagune von Burano u. Orbetello (GR).

T. ist eine reiche Region mit nur mäßiger Arbeitslosigkeit u. überdurchschnittlich hohem Bruttosozialprodukt. Die Landwirtschaft konzentriert sich traditionell auf Weizen, ↑*Wein* (↑*Chianti Classico*) u. ↑*Olivenöl*, außerdem Rinderzucht (Val di Chiana) u. Pferdezucht (Maremma) im Freien. In den letzten Jahren sind ↑*Gemüse*, Blumen u. Zierpflanzen dazugekommen.

Neben ↑*Sardegna* ist T. die einzige Region, die reich an Bodenschätzen ist: Eisen (auf Elba), Steinsalz (Volterra, PI); Marmor (Alpi Apuane), Quecksilber (Monte Amiata). Zur Stromerzeugung genutzt werden die *Soffioni boraciferi* bei Lardarello (PI), Erdspalten, aus denen borsäurehaltiger heißer Wasserdampf austritt.

Die Industrie ist vielseitig u. gut entwickelt: Petrochemie um den Hafen von Livorno, im Arno-Tal Produktionszentren für Möbel, Schuhe, Lederwaren; kleine u. mittlere Betriebe für Maschinenbau, Eisenwaren, Textilien; Wollverarbeitung in Prato. In den Städten hat sich das jeweils typische traditionelle Handwerk halten können: Man verarbeitet Marmor in Carrara, Alabaster in Volterra, Glas in Empoli u. Montelupo (FI), Onyx in Montepulciano, Schmiedeeisen in Siena, Holzintarsien, Gold, Silber u. Leder in Firenze. Eine weitere Einnahmequelle ist der enorme Kulturtourismus u. der Sommertourismus an den Stränden der Versilia.

Regions- u. Provinzhauptstadt ist Firenze, neben Milano u. Roma auch die Stadt der ↑*altamoda* mit den jährlichen Modemessen Pitti Donna, Pitti Uomo, Pitti Bambini. Die übrigen Provinzhauptstädte sind Arezzo, Grosseto, Livorno, Lucca, Massa Carrara, Pisa, Pistoia, Siena. Drei alte Universitäten (gegr. 1343, 1240 u. 1321) befinden sich in Pisa, Siena u. in Firenze. Es erscheinen zwei regionale Tageszeitungen in Firenze „La Nazione" u. in Livorno „Il Tirreno" (↑*Zeitungen*).

Das Toskanische (*Toscano*, ↑*Sprache u. Dialekte*) wird in sechs Hauptvarianten gesprochen: *Fiorentino, Senese, Occidentale, Aretino, Grosseta-*

no-Amiatino, Apuano; das *Lunigiano* (s. o.) bildet eine Dialektenklave aus dem Bereich des *Emiliano*; an der Grenze zu ↑*Lazio* wird auch *Laziale* gesprochen.

Zeitgenöss. Autoren aus u. über T.: F. Tozzi (1883–1920), M. Luzi (geb. 1914), C. Malaparte (1898–1957), D. Maraini (geb. 1936), V. Pratolini (geb. 1913), M. Tobino (geb. 1910), E. Pea (1881–1958), G. Manzini (geb. 1896), E. Cecchi (1895–1933). ↑*Regionen,* ↑*Naturschutzgebiete,*   ↑*Parteien,* ↑*Provinzkennzeichen,* ↑*energia nucleare,* ↑*Literaturpreise,* ↑*musica classica,* ↑*musica leggera,* ↑*Theaterfestspiele,* histor. ↑*Festspiele,* ↑*Folklore-Veranstaltungen,*   ↑*sagra,*   ↑*Pasqua,* ↑*Museen,*   ↑*Macchiaioli,*   ↑*Klöster,* ↑*arista,* ↑*cacciucco,* ↑*panforte,* ↑*lonzi,* ↑*farinata.*

TOTIP, *Totalizzazione Ippica.* Pferdetoto.

Totò. Antonio de Curtis, 1898–1967, bekanntester Filmkomiker Italiens.

TOTOCALCIO, *Totalizzatore Calcistico.* Fußballtoto wird seit 1948 einmal pro Woche gespielt u. ist mit der it. Fußballmeisterschaft gekoppelt. Auf dem Totozettel (*schedina*) sind 13 plus 2 Zusatzspiele aufgeführt. Geldpreise erhalten jene Spieler, die 13 o. 12 (ggf. 11 ohne 13) Spielergebnisse richtig getippt haben.

Tourismus. 1982 zählte der Fremdenverkehr in It. ca. 54 Mio. Reisende, davon mehr als ein Drittel aus dem Ausland mit 440 Mio. Übernachtungen u. einem Aufenthaltsdurchschnitt von 6,3 Tagen. Die BRD belegt hier-

bei den ersten Platz, gefolgt von Frankreich, USA, England, Österreich, Schweiz u. a. Untergebracht wurden die Reisenden in ca. 22500 Hotels (1.–4. Kat.), 9000 Pensionen (1.–3. Kat.), 9700 Locande (einfache, preiswerte Zimmervermietungen), 111 Jugendherbergen, auf über 2000 Zeltplätzen/Feriendörfern sowie in privaten Wohnungen u. Unterkünften. ↑*ENIT.*

transatlantico, ,Überseeschiff'; Bez. für die Halle vor dem Saal der Abgeordnetenkammer im ↑*Palazzo Montecitorio,* Treffpunkt der Abgeordneten. ↑*buvette,* ↑*Parlament.*

trasformismo. Strategie bei der Mehrheitsbildung innerhalb des Parlaments des jungen Königreiches Italien, wie sie von den Ministerpräsidenten Francesco Crispi u. Giovanni Giolitti praktiziert wurde: Gezielte Angebote u. Gegenleistungen sollten Abgeordnete o. Abgeordnetengruppen auf die Politik des Ministerpräsidenten, ggf. gegen die eigene Partei, verpflichten, was dann allmählich zur Überwindung der historischen Parteien ↑*Destra storica* u. ↑*Sinistra storica* führte. In ähnlicher, negativer Bedeutung wird t. ab u. zu von der heutigen Publizistik wieder verwendet.

trattoria. Einfaches Speiselokal mit ortsüblicher Küche.

trecce ↑Käse.

Trecento ↑Literatur.

trenette. Ligurische Bezeichnung für Bandnudeln wie *bavette* (↑*pasta*).

Trentino-Alto Adige / Trentino-Südtirol (13,6' km², ca. 850' E.) ist nur dünn besiedelt, ein fast zur Hälfte bewaldetes, reines Bergland (*Ortler* 3899 m, *Cevedale* 3764 m, *Palla Bianca* 3736 m, *Tosa* 3173 m, *Presanella* 3556 m, *Sella* 3151 m, *Marmolada* 3342 m) mit auch historisch u. topographisch sehr unterschiedlichen Tälern wie Valsugana, Valle Lagarina, Val di Non, Val di Sole in der Provinz Trento, Val Venosta/Vintschgau, Val Isarco/Eisacktal, Val Pusteria/Pustertal, Val Badia/Gadertal, Val Gardena/Grödnertal in der Provinz Bozen.

Die Sommer sind warm und trokken (unter den Winden der *Favònio*, der Föhn), eine der Voraussetzungen für den intensiven Anbau von ↑*Obst* (v. a. Äpfel, Birnen) u. ↑*Wein*, die vorwiegend ins Ausland exportiert werden. Ein System von Genossenschaften (↑*consorzio*) hat hier die Zersplitterung der Produktion in den Tälern verhindert. Ausgedehnte Hochweiden u. Wälder sind Grundlage von Rinderzucht und Holzwirtschaft. Die Milch-, Fleisch- u. Holzverarbeitung findet in kleineren u. mittleren Betrieben um die Städte Meran, Bozen, Rovereto u. Trento statt. Ein Haupterzeugnis der Region ist der Strom aus den zahlreichen Wasserkraftwerken, der zur Hälfte in andere Regionen exportiert wird.

Das Handwerk blüht in der ganzen Region (unter gesetzlichem Schutz), in erster Linie natürlich Holzverarbeitung, aber auch Kupfer (Valsugana), Schmiedeeisen (Val Rendana), Webereien (Tesero, TR), Seide (Rovereto, TR). Auch der ausgeprägte Tourismus – Alpinsport allgemein, v. a. aber Wintersport – trägt zum überdurch-schnittlich hohen Bruttosozialprodukt der Region bei.

Die beiden Provinzhauptstädte sind Bozen (it.: Bolzano) u. Trento (dt.: Trient) mit einer 1966 gegründeten Universität. Trento ist auch Regionshauptstadt, also Sitz der Regionalregierung, der Regionalrat befindet sich jedoch nicht dort – anders als in den übrigen ↑*Regionen* –, sondern in Bozen; auch das *Commissariato del governo* ist in beiden Städten vertreten.

Die deutschsprachigen Südtiroler machen etwa ein Drittel der Bevölkerung aus, so ist Deutsch neben Italienisch Amtssprache; das *Tedesco* wird in 4 Varianten gesprochen, daneben Formen des *Veneto* u. *Gallo-Italico* (↑*Sprache u. Dialekte*). In einigen Dolomitentälern an der Grenze zur Region Veneto spricht eine Minderheit *Ladino* (↑*Ladiner*).

Regionale Tageszeitungen erscheinen in Bozen: „Alto Adige" u. „Dolomiten" (in deutscher Sprache) u. in Trento: „L'Adige". Zeitgenöss. Autor: Josef Zoderer (geb. 1935). ↑*Provinzkennzeichen*, ↑*Parteien*, histor. ↑*Festspiele*, ↑*Museen*, ↑*Naturschutzgebiete*, ↑*maso*, ↑*Käse*.

triangolo industriale. ‚Industrie-Dreieck'; die Städte Torino–Milano––Genova als Pole der Industrialisierung Norditaliens in der zweiten Hälfte des vorigen Jahrhunderts.

tricolore. „Die Flagge der Republik ist die italienische Trikolore: grün, weiß, rot in drei senkrechten Streifen gleicher Größe." (Art. 12 der it. Verfassung).

tripartito. Drei-Parteien-Regierungskoalition.

trippa alla romana. Kuttelsuppe nach römischer Art.

trulli *mpl.* Rundes Steinhaus mit meist nur einem Raum, Dachkuppel u. hohem Kamin in ländlichen Gegenden der Region ↑*Puglia.* Nach ihnen heißt die Landschaft südlich von Bari um den Ort Alberobello *Murgia dei Trulli.* Diese südit. Bautechnik geht bis in die Vorgeschichte zurück, war aber noch in den vergangenen Jahrhunderten verbreitet.

tutto città. Beiheft der gelben Seiten (*pagine gialle*) mit ausführlichem Stadtplan u. komplettem Dienstleistungsverzeichnis der jeweiligen Stadt.

TVA, *Tassa sul Valore Aggiunto.* Mehrwertsteuer (↑*IVA*).

U

UCEI, *Ufficio Centrale per l'Emigrazione Italiana.* Zentralamt für Auswanderung beim Außenministerium.

UDI, *Unione Donne Italiane.* Die Italienische Frauenunion wurde 1944 als linker Verband der it. Frauen gegründet u. war vor allem bei der Einführung der Ehescheidung (1970), des neuen Familienrechtes (1975) u. der Abtreibung (1978) die treibende aufklärerische Kraft (↑*CIF*).

UIL, *Unione Italiana del Lavoro.* Der Italienische Gewerkschaftsbund wurde 1950 als letzter der drei großen ↑*Gewerkschaften* gegründet (↑*CGIL,* ↑*CISL*) u. steht weiterhin unter dem Einfluß der Sozialisten. Seine einzelnen Verbände sind in den Bereichen Landwirtschaft, Industrie, Dienstleistungen, Transport u. öffentlicher Dienst zusammengefaßt. Führer: z. Z. Giorgio Benvenuto (geb. 1937).

Umanesimo ↑Literatur.

Umbria ist eine kleine, dünn besiedelte Region (8,5' km², 800' E.), ein waldreiches Berg- u. Hügelland. Bis vor wenigen Jahrzehnten diente die Landwirtschaft mit ↑Wein-, Kartoffel-, Oliven-, Getreideanbau nur zur Selbstversorgung der Region. Dann stellte man auf Industrierohstoffe wie Zuckerrüben u. Tabak um. Außerdem gibt es eine berühmte Schweinezucht, die Fleischverarbeitung erfolgt aber weitgehend in der ↑*Emilia-Romagna.* In U. werden die meisten Trüffel (↑*tartufo*) in It. geerntet, u. zwar mit Hilfe von Hunden.

Hauptbereiche der Industrie in U. sind die Stahlwerke in Terni u. die Nahrungsmittelindustrie in Perugia mit führenden Unternehmen wie *Perugina* (Schokolade, Süßigkeiten) u. *Buitoni* (Teigwaren).

Das Handwerk geht z. T. auf mittelalterliche Traditionen zurück, z. B. die Papierherstellung; in Foligno (PG) wurden 1472 die ersten Drucke der *Divina Commedia* von Dante Alighieri hergestellt (↑*Literatur*). Deruta, Gualdo Tadino, Gubbio (PG) u. Orvieto (TE) sind international bekannt für Majolika u Keramik In der ganzen Region wird Leder, Kupfer, Schmiedeeisen u. Holz bearbeitet. Da U. die Region mit den meisten mittelalterlichen Städten u. Sehenswürdigkeiten ist, herrscht ein ausgeprägter Kulturtourismus.

Perugia ist Regions- u. Provinzhauptstadt, Sitz einer der ältesten it. Universitäten (1276) sowie der *Università per Stranieri* für ausländische Studenten der it. Sprache u. Kultur. Hier erscheint auch die Regionalzeitung „Corriere dell'Umbria". Zweite Provinzhauptstadt ist Terni.

Das Umbrische gehört zum System *Mediano* (↑*Sprache u. Dialekte*), das hier in 3 Varianten gesprochen wird. Zeitgenöss. Autoren aus u. über U.: S. Penna (1906–1977), G. Prezzolini (1882–1982). ↑*Regionen*, ↑*Provinzkennzeichen*, ↑*Parteien*, ↑*Jazz*, ↑*musica classica, histor.* ↑*Festspiele*, ↑*Museen*, ↑*Klöster*, ↑*Natale*, ↑*Naturschutzgebiete*.

umido, in ~ . Gericht mit leichter Tomatensoße.

Union Valdôtaine ↑Parteien.

Università per Stranieri ↑Umbria.

università popolare. Die erste Volkshochschule wurde 1900 in Milano gegründet, dennoch haben sich die meist privat initiierten u. p. (knapp 20) in It. nicht durchgesetzt; ihr Angebot erreicht in keinem Fall das einer deutschen VHS.

Uomo Qualunque. Die ‚Jedermann-Partei' (1944–1948) von Guglielmo Giannini um seine gleichnamige Zeitung erzielte bemerkenswerte Erfolge bei den Gemeindewahlen von 1946 u.

bei der Wahl für die ↑*Costituente*, erhielt jedoch keinen Sitz bei der ersten Wahl für das it. ↑*Parlament* 1948.

UPIM, *Unico Prezzo Italiano di Milano.* Wörtl. ‚It. Einheitspreis von Milano'; Ring von preiswerten Kaufhäusern, die wie ↑*STANDA* in allen it. Städten zu finden sind, während *COIN*, mehr noch ↑*Rinascente*, führende Kaufhäuser mit anspruchsvollen, sehr modischen Bekleidungs- u. Haushaltsabteilungen sind.

USL, Unità Sanitaria Locale. Die 649 ‚Lokalen Gesundheitseinheiten', die Basiseinheiten des ↑*SSN*, sind für je 20000 bis 200000 Bürger zuständig. Gemeinden mit weniger als 20000 Einwohnern schließen sich mit benachbarten Gemeinden zusammen. Jeder Patient braucht einen *libretto sanitario* (Gesundheitsheft), das ihm von der USL ausgestellt wird; Ausländer aus der EG benötigen das Formular *E 111*. Laut Angabe des Gesundheitsministeriums geben die USL knapp 6 % des Bruttosozialproduktes aus, davon für Ärztehonorare 14 % (7 % an Fachärzte), 15 % für pharmazeutische Produkte, 54 % für Krankenhäuser u. Kuraufenthalte; 6 % für weitere medizinische Maßnahmen; 4 % für Vorbeugung u. 7 % für Verwaltung.

Val d'Aosta (Regions- u. Provinzhauptstadt: Aosta) ist die kleinste (3,3' km²) u. eine der am dünnsten besiedelten ↑*Regionen* It.s (gut 100' Einw.). Sie besteht ausschließlich aus – zu einem Drittel unfruchtbarem – Bergland (*Monte Bianco* 4810 m, *Cer-*

vino 4478 m, *Rosa* 4634 m, *Gran Paradiso* 4061 m), in dem das Windsystem des Gebirges herrscht: Vormittags fällt der Wind von den Bergen in die Täler, ab Mittag steigt er wieder. Die Landwirtschaft in den Tälern dient nur der teilweisen Selbstversorgung mit Getreide, Obst, Kartoffeln, ↑*Wein*, außerdem gibt es Rinderzucht und ↑*Käse*-Herstellung *(fontina, toma valdaostana)*.

Ihren Wohlstand (höchstes Bruttosozialprodukt It.s, nur 4 % Arbeitslosigkeit) verdankt die Region einerseits der schon früh entstandenen Schwerindustrie (Gußeisen, Stahl, Aluminium), ermöglicht durch die Eisenu. Kohlevorkommen sowie die reichlich u. leicht verfügbare Energie aus Wasserkraft, andererseits dem enormen Wintertourismus, z. B. in den internationalen Skigebieten von Cervinia u. Courmayeur.

Typisches Kunsthandwerk in V. (alljährliche Ausstellung „Fiera di Sant'Orso" am 31. Jan. u. 1. Dienstag im Aug.) ist die Holzschnitzerei: Holzfiguren, Holzschuhe *(sabò)*, Holzkelche *(grolle)*, Kinderwiegen, außerdem stellen die Frauen Stickereien, Klöppelarbeiten u. Teppiche her.

Amtssprache ist neben Italienisch das Französische; die Dialekte gehören zum *Franco-Provenzale* (↑*Sprache u. Dialekte*). Die kleinen Gemeinden der ↑*Walser* in Issime, Gressoney-la-Trinité u. Gressoney-Saint-Jean sprechen eine Variante des ursprüngl. Alemannisch. Eine eigene Tageszeitung gibt es in V. nicht. Zeitgenöss. Autoren aus u. über V.: Furio Colombo (geb. 1931), Luigi Davì (geb. 1929), Libero Bigiaretti (geb. 1909). ↑*Provinzkennzeichen*, ↑*Parla-ment*, ↑*Parteien*, ↑*Museen*, ↑*Naturschutzgebiete*.

V

Valle dei Tempi. Das Tempeltal ist ein Ausgrabungsgelände vor Agrigento (Sicilia) mit Resten von fünf griechischen Tempeln.

Valtellina ↑Lombardia.

Vaticano, Stato Città del ~ . (Staat der Vatikanstadt). Grundfunktion des V. ist die Sicherung der territorialen Unabhängigkeit des Oberhauptes der katholischen Kirche. Seine heutige Ausdehnung von 0,44 km² im röm. Viertel Trastevere wurde 1929 aufgrund des ↑*Konkordats* zwischen dem Königreich It. u. dem Heiligen Stuhl festgelegt u. umfaßt die *Città del V.* mit Basilica di S. Pietro, Petersplatz, Apostolischen Palästen, Vatikanspalast, die Museen u. Gärten sowie den päpstlichen Sommersitz *Castelgandolfo* am Albaner See, 25 km südlich von Roma. Staatsbewohner (1984): 731, davon 506 Männer u. 225 Frauen (126 Nonnen), nur 392 besitzen die vatikanische Staatsangehörigkeit. Offizielle Sprache ist Latein, Italienisch als Umgangssprache. Amtierendes Staatsoberhaupt ist der Papst; er wird von den Kardinälen gewählt, bleibt bis zu seinem Tod im Amt u. verfügt allein über die Staatsgewalt. 1985 hat Johannes Paul II. die Staatsgeschäfte offiziell dem Kardinal u. Staatssekretär Agostino Casaroli mit der Formel „in Unserem Namen und als Unser Stellvertreter" übertragen.

Haupteinnahmequelle des V. sind

Pilger u. die kulturinteressierten Besucher. Vatikanische Briefmarken u.
Münzen sind v.a. für Sammler gedacht. Der V. verfügt über einen
Bahnhof, einen Landeplatz für Hub-
schrauber, einen Sender, die Tageszeitung „Osservatore Romano" sowie
Nuntiaturen im Ausland. In diesen
Bereichen sind die 3700 Angestellten
des V. beschäftigt.

Veneto ist eine relativ dicht besiedelte
Region (ca. 4,35 Mio. E., 18,4' km²)
mit gemäßigten Temperaturen, es wehen der feuchtwarme *Scirocco,* die heftige *Bora* (bis 50 km/h) u. auf dem
Gardasee die *Ora.* V. ist zu knapp
einem Drittel Bergland (*Antelao* 3264
m, *Grappa* 1775 m), über die Hälfte ist
fruchtbare, wasserreiche Ebene (*Pianura Padana,* die Flüsse Po, Adige,
Brenta, Piave, Tagliamento) mit intensiver industrialisierter Landwirtschaft: 1. Stelle in It. bei Mais, Erbsen, Seidenraupenzucht; 2. bei Birnen, Bohnen, Zichorie, Rüben, Wir-
sing, Rinderzucht; 3. bei Äpfeln, Kirschen, Kartoffeln, Gerste, Spargel,
↑*Wein,* Schweinezucht. In der Subregion *Polesine,* d. i. das Gebiet des
Podeltas, wurde in jahrhunderte-
langen Sanierungsarbeiten aus der
Schwemmebene ein hochentwickeltes
Agrargebiet geschaffen.

Wasserkraftwerke, z. B. in Schio u.
Valdegna (VI), ermöglichten schon
früh den Aufbau einer Industrie, zunächst bei der Wollverarbeitung, dann
allg. Textilien, Lederwaren, Land-
wirtschaftserzeugnisse. Nach der Erschließung von Erdgas in der *Polesine*
entstand auch eine Schwerindustrie,
mit den Zentren Mestre u. Marghera,
dem Hafen von Venezia.

Weltberühmt ist das Handwerk:
Glaskunst (Murano), Stickereien u.
Klöppelarbeiten (Burano), Stilmöbel
(Cerea, VR), Silber- u. Goldschmie-
dearbeiten (Vicenza), Kunstgießerei
(Verona).

Auch der Tourismus ist eine wichtige Einnahmequelle: internationaler
Wintertourismus, z. B. in Cortina
d'Ampezzo, Kulturtourismus in den
Städten, Kurbetrieb z. B. in Abano
Terme (PD) o. Recoaro (VI), schließ-
lich der Gardasee, der fest in deutscher Hand ist.

Touristisch u. historisch bedeutend
ist auch die Subregion *Cadore* nördl.
von Belluno, die berühmteste Alpenregion It.s (reiche Pflanzen- u. Tierwelt, verschiedenste Landschaftsty-
pen von 450m ü. M. bis hochalpin);
der Unabhängigkeitsgeist des ehem.
röm. *Catubrium,* das immer wieder
von Fremdherrschaft bedroht war,
zeigte sich noch während der ↑*resistenza,* als hier fast 2 Jahre lang Partisanen gegen Nazis und Faschisten
(↑*fascismo*) kämpften.

Regions- u. Provinzhauptstadt u.
seit 1868 Sitz einer Universität ist Venezia, die Lagunenstadt (118 Inseln,
darunter Murano, Burano, Torcello).
Die übrigen Provinzhauptstädte sind
Belluno, Rovigo, Treviso, Vicenza,
Verona (größte it. Landwirtschafts-
Messe) u. Padova mit der zweiräte-
sten it. Universität (1222). Eine weitere 1982 gegründete Universität befindet sich noch in Verona.

Der venetische Dialekt wird in der
Region in 5 Varianten gesprochen
(↑*Sprache u. Dialekte*). Historisch u.
sprachwissenschaftl. bedeutsam sind
die zahlreichen deutschen Sprachin-
seln: Sappada (BL), Giazza (VR), Tre-

dici Comuni (13 Gemeinden): Erbezzo, Chiesanuova, Val di Porro, Cerro, Roverè, Tavernole, Saline, Velo, Azarino, Campo Silvano, Badia Calavena, San Bartolomeo Tedesco bei Selva (VR); Roana, Rotzo, Foza.

Zeitgenöss. Autoren aus u. über V.: G. Saviane (geb. 1916), G. Piovene (geb. 1907), G. Parise (1929–1986), C. Giovanni (1895–1969), G. Noventa (1898–1960), A. Zanzotto (geb. 1921), G. Berto (geb. 1914). – Im V. erscheinen einige Regional- u. Stadttageszeitungen: „Il Mattino di Padova", „La Tribuna di Treviso", „Il Gazzettino di Venezia", „L'Arena" (VR), „Il Giornale di Vicenza" (↑ *Zeitungen*). ↑ *Provinzkennzeichen*, ↑ *Regionen*, ↑ *Obst*, ↑ *Gemüse*, ↑ *pasta*, ↑ *Käse*, ↑ *polenta*, ↑ *seppia*, ↑ *Schinken u. Wurst*, ↑ *Parteien*, ↑ *Parlament*, ↑ *musica classica*, ↑ *musica leggera*, ↑ *Literaturpreise*, ↑ *Biennale Internazionale d'Arte, histor.* ↑ *Festspiele*, ↑ *Klöster*, ↑ *Museen*, ↑ *Natale*.

Verdi *(Grüne)* ↑ Organisationen.

Verismo. Literarische Strömung in der zweiten Hälfte des *Ottocento* (↑ *Literatur*) um die sizilianischen Romanciers Luigi Capuana u. Giovanni Verga. Teilweise vom französischen Naturalismus, aber v. a. vom Realismusbegriff des Literaturkritikers Francesco De Sanctis bestimmt, bemühen sich die Vertreter des V. um eine realistische, umfassende Darstellung der sozialen Lage im Süden des Landes. Mit *La Cavalleria Rusticana* schuf Pietro Mascagni (1863–1945) das Hauptwerk des V. in der ↑ *musica classica*.

vermicelli ↑ pasta.

vermouth. Aperitif aus Wein mit Wermutkraut versetzt, z. B. Cinzano, Cora, Martini, Rossantico, Stock.

via. Im Journalistenjargon werden häufig *vie* (Straßen) o. *piazze* (Plätze) anstelle der dort ihren Sitz habenden ↑ *Parteien* o. Behörden genannt; *via del Corso* in Roma: Zentrale des PSI; *via delle Botteghe Oscure:* Zentrale des PCI; *via Frattina:* Zentrale des PLI; *viale Mazzini:* Zentrale der ↑ *RAI; viale Trastevere:* Ministerium für öffentlichen Unterricht; *viale della Farnesina:* Außenministerium; *piazza dei Caprettari:* Zentrale des PRI; *piazza del Gesù:* Zentrale der DC.

Volksmusikinstrumente. *Ocarina:* Blasinstrument in Form einer Gans, wurde in Budrio (BO), Schule u. eine Fabrik für *ocarine*, entwickelt. *Chitarra battente:* Gitarrenart, die v. a. in Calabria gespielt wird. *Fisarmonica:* Ziehharmonika, wie sie überall in It. als V. verwendet wird; Herstellung v. a. in Castelfidardo (AN, Region Marche). *Launeddas:* 2–4 Schilfrohrflöten unterschiedlicher Länge, die gleichzeitig gespielt werden. *Organetto:* gemeinsamer Name für Mundharmonika, Leierkasten u. kleine Ziehharmonika, das beliebte Instrument der ↑ *cantastorie. Pifferi:* Flöten werden in ganz Süditalien in zahlreichen einfachen Varianten nach alter Hirtentradition geschnitzt u. gespielt. *Scacciapensieri:* Maultrommel, wichtiges Instrument der sizilianischen u. sardischen Volksmusik, besteht aus

einem zwischen den Zähnen gehalte-
nen Kupferrahmen mit einer Feder,
die vom Zeige- o. Mittelfinger ange-
zupft wird, Resonanzraum ist die
Mundhöhle. *Tamburi* u. *tamburelle:*
begleitende Schlaginstrumente zum
Gesang u. zu Volkstänzen wie *taran-
tella (↑bande basse). Zampogna (cia-
ramella, cornamusa):* Dudelsack, typisch für Hirtenmusik, wird auch zur
religiösen Weihnachtsmusik gespielt.
Zampognari aus Abruzzo fahren zur
Adventszeit nach Rom, um dort auf
der Straße zu spielen; Herstellung
v. a. in Scapoli (IS) mit dem *Museo
della Zampogna* u. der jährlichen internationalen Verkaufsausstellung
Mostra Mercato della Zampogna am
letzten Julisonntag.

vongola. Venusmuschel; schmack-
haft sind v. a. die graugestreiften kleinen v., die mit Tomatensoße u. Spaghetti (*spaghetti alle vongole*) gegessen werden.

VQPRD, *Vino di Qualità Prodotto in
Regioni Delimitate.* Qualitätswein aus
begrenzten Anbaugebieten (↑*Wein*).

VSQPRD, *Vino Spumante di Qualità
Prodotto in Regioni Delimitate.* Qua-
litätsschaumwein aus begrenzten Anbaugebieten (↑*Wein*).

VV FF, *Vigili del Fuoco.* Feuerwehr.

W

Walser. Sie kamen im 12. u. 13. Jh.
aus dem Wallis (Schweiz) u. siedelten
sich um den Monte Rosa, in den heu-

tigen Regionen ↑*Piemonte* u. ↑*Val
d'Aosta,* an.

Wein. Aufgrund des Gesetzes *Norme
per la tutela delle denominazioni di
origine dei mosti e dei vini* (Bestim-
mungen zum Schutz der Herkunfts-
bezeichnungen der Moste u. Weine)
von 1963 u. in Übereinstimmung mit
den EG-Richtlinien sind die it. W. in
zwei Hauptgruppen zusammengefaßt:

1. *Vini da tavola* (Tafelweine). Zu
dieser Kategorie gehören alle Tafelweine u. Weine, für die die gesetzliche
Bezeichnung *Denominazione d'Origine Semplice* (*DOS,* einfache Ursprungsbezeichnung) vorgeschrieben
ist (meist nicht auf dem Flascheneti-
kett), z. B.: *Lambrusco dell'Emilia,
Barbera del Piemonte, Tocai Trivene-
to* o. *Rosato del Salento,* die nur eine
geographische Herkunftsangabe o. einen Phantasienamen wie der *Libec-
chio* mit dem Etikett des weltberühmten Malers Renato Guttuso führen
dürfen, jedoch keine Bezeichnung eines bestimmten Anbaugebiets.

2. *Vini di Qualità Prodotti in Regioni Determinate (VQPRD,* Qualitäts-
weine aus begrenzten Anbaugebieten). Sie sind wiederum in zwei Kategorien unterteilt: *Vini D'Origine
Controllata (DOC,* Weine mit kontrollierter Ursprungsbezeichnung)
stammen aus einem gesetzlich festgelegten Anbaugebiet u. werden nach
festgelegten Produktionsverfahren
hergestellt; Angabe von Traubensor-
ten, Charaktereigenschaften, Min-
destalkohol- u. Säuregehalt sowie
Eintragung der Weinberge in das
Weinregister des Anbaugebietes (*Albo
Vigneti DOC*) erforderlich. *Vini*

D'Origine Controllata e Garantita (DOCG, Weine mit kontrollierter u. garantierter Ursprungsbezeichnung) müssen höchsten Qualitätsansprüchen genügen u. unterliegen einer zusätzlichen staatlichen Kontrolle. Zusätzliche Bezeichnungen: *Classico* gilt nur für die Kerngemeinden eines Anbaugebietes; *superiore* bezieht sich auf die vorgeschriebene Mindestlagerzeit, durchschnittlich ein Jahr; mit *riserva* werden Weine gekennzeichnet, die vom Erzeuger *(produttore),* der ein Winzer *(viticultore)* o. der Eigentümer der Weinberge *(proprietario)* sein kann, o. vom Abfüller *(imbottigliatore)* mindestens drei Jahre vor ihrer Abfüllung gelagert worden sind. Ca. 11 % der gesamten it. Weinproduktion werden jährlich als *DOCG* eingestuft; die übrigen W. können bei vorgegebener Reinheit der Moste u. U. aber auch von besserer Qualität als die DOCG-W. sein.

Ausstattung einer Weinflasche. Die typ. it. Weinflasche war der *fiasco* (2-Liter-Flasche mit Strohmantel), in Angleichung an die EG-Richtlinien hat sich nun die 750-ml-Flasche durchgesetzt, der *fiasco* ist auf 1,5 l reduziert worden. Folgende Etikette findet man auf einer it. Weinflasche: die *lunetta* am Flaschenhals mit der Angabe des Jahrganges (z. B. *Annata 1984);* ein *marchio del consorzio,* das Warenzeichen des Erzeugerverbandes zum Schutz eines bestimmten Teils des Anbaugebietes (z. B. *Gallo Nero,* Schwarzer Hahn, innerhalb des Chianti-Classico-Gebiets); das *contro-etichetta* auf der Rückseite, das i. d. R. eine Beschreibung des Anbaugebietes, der Rebsorte, der Weineigenschaften u. Ratschläge zum

Weingenuß enthält. Das *Hauptetikett* muß gesetzlich folgende Angaben enthalten: Bezeichnung des Weines mit Qualitätsstufe (z. B. *Rosso Cónero DOC),* Lagebezeichnung u. Jahrgang der Lese (z. B. *Castelfiora 1982),* Alkoholmenge in Prozenten u. Füllmenge der Flasche (z. B. 12,5 % u. 750 ml *e,* nach europäischer Norm), Nummer der Flasche u. Nummer des Abfüllers im Provinzregister (z. B. AN. 042886 u. R.I. 704/AN: eingetragen unter der Nr. 704 des *Registro degli Imbottigliatori* für die Provinz Ancona, Name u. Ortsangabe des Erzeugers o. des Abfüllers, auf dem Etikett der *DOCG-*W. muß zusätzlich die Gesamtzahl der erzeugten Flaschen stehen. Selten wie im Fall des *Rosso Cónero* findet man auf dem Etikett *VQPRD* (s. o.). Das Etikett ist mit dem Familienwappen o. dem Warenzeichen des Erzeugers o. Abfüllers geschmückt. Auf manchen Etiketten, auch von *DOC-*W., findet man Bezeichnungen wie *frizzante* o. *Frizzantino,* d. h. Schaumwein mit eigenem CO_2 o. *spumante* (Sekt) mit natürlichem CO_2 u. einem Druck von über 2,5 atü. Die französische Bezeichnung *brut* wird sowohl für Weine als auch für Sekte verwendet, um sie als trocken auszuweisen.

Vino novello (Junger Wein) wird durch Gärung mit Hilfe von CO_2 hergestellt u. ist für den sofortigen Verbrauch gedacht. Einige Restaurants bieten *vino sfuso* (Wein vom Faß) o. *vino della casa* (Wein des Hauses) an, W. eigener Produktion o. aus vertrauten Weingebieten. *Vino-cotto* (in den südlichen Regionen bis in die Marche hinein) ist ein sirupartiges Weinerzeugnis, das durch langes Kochen des frischen Mostes unter Zugabe von Zucker u. a. hergestellt u. für Süßigkeiten o. Cremes verwendet wird. Der *vinsanto,* der seinen Namen dem Tag der *Ognissanti* (Allerheiligen) verdankt, wird Anfang November aus trockenen Beeren hergestellt u. dann in kleinen Holzfässern gelagert, er ist der Dessert-W. der Toskaner u. im Handel als *DOC-W.* der Sorte *Montescudaio, Pomino* o. *San Torpè* erhältlich.

Bedeutende DOC-Weinanbaugebiete in den einzelnen Regionen, jeweils mit der Gesamtproduktion 1983:

Emilia-Romagna: 10356000 hl, Weißweine: Albana di Romagna, Colli Bolognesi (auch rot), Colli Piacentini, Trebbiano di Romagna; Rotweine: Lambrusco Grasparossa di Castelvetro, L. di Sorbara, L. Reggiano u. L. Salamino di S. Croce, Sangiovese di Romagna. *Lazio:* 6383200 hl, Aleatico di Gradoli (rot), Cerveteri (rot u. weiß), Cesanese di Piglio, di Olevano u. di Affile (rot), Merlot di Aprilia (rot); Weißweine: Colli Albani, Colli Lanuvini, Cori, Est! Est!! Est!!!, Frascati, Marino. In der Region wird gerne Weißwein getrunken. *Abruzzo u. Molise,* in der Weinwirtschaft traditionell als *eine* Region geführt: 5323600 hl Montepulciano d'Abruzzo (rot), Cerasuolo u. Trebbiano d'Abruzzo (weiß). *Piemonte* (in *Langhe* u. *Monferrato*): 4504400 hl, Weißweine: Gavi u. Erbaluce di Caluso; Rotweine: Barbaresco Riserva u. Riserva Speciale, Barbera d'Asti Superiore, B. d'Alba u. B. del Monferrato, Barolo Riserva u. Riserva Speciale, Dolcetto d'Alba Superiore, D. d'Acqui u. D. di Ovada, Freisa d'Asti

Superior. *Marche:* 2821300 hl, Rotweine: Falerio dei Colli Ascolani, Rosso Cònero, Rosso Piceno Superiore; Weißweine: Verdicchio Classico dei Castelli di Jesi, auch als Sekt (Spumante) u. Vernaccia di Serrapetrona nach der Methode Champenoise u. Bianchello del Metauro. *Campania:* 2755200 hl, Greco di Tufo (weiß), Ischia (rot u. weiß), Solopaca (rot u. weiß) und Taurasi (rot); *Lombardia:* 2348900 hl, Oltrepò Pavese mit bekannten Rotweinen wie Barbacarlo, Barbera, Buttafuoco, Bonarda, Sangue di Giuda u. mit den Weißweinen: Cortese, Moscato u. Pinot; aus dem O. P. P. Pinot werden DOC-Sekte nach den Methoden Charmat u. Champenoise hergestellt, wie z. B. Ballabia, Gangia, Cinzano, Cora, Antinori, President Riccadonna; *Valtellina* mit den Rotweinen Nebbiolo u. Valtellina Superiore, Lagenbezeichnungen: Inferno, Grumello, Sassella u. Valgella; aus Trockenbeeren wird der Sfurzat mit 14,5 % Alkoholgehalt hergestellt; *westl. Gardaseeufer* mit dem Botticino (rot), Colli Morenici Mantovani del Garda (rot u. weiß), Franciacorta (rot), Franciacorta Pinot (weiß), auch als Sekt u. Lugana (weiß). *Calabria:* 1462900 hl, Cirò (rot, weiß, rosé), weitere Rotweine: Donnici, Pollino u. Savuto. *Friuli-Venezia Giulia:* 1169200 hl, Aquileia, Collio, Colli Orientali del Friuli, Grave del Piave, Latisana; hier, wo fast ebensoviel Rot- wie Weißwein produziert wird, hat sich eine besondere Weinnamen-Terminologie entwickelt, u. a.: Cabernet franc, Merlot, Pinot Bianco, Grigio u. Nero, Tocai, Traminer, Refosco u. Ribolla. *Basilicata:* 508100 hl, mit dem roten Aglia-

nico del Volture als einzigem DOC-
Weinanbaugebiet. *Liguria:* 343 200 hl,
Cinque Terre (weiß u. rot), Cinque
Terre Sciacchetrà als Passito (Trok-
kenbeerenwein mit 17 % Alkoholge-
halt) u. Rossese di Dolceacqua (rot).

Wurst ↑ Schinken u. Wurst.

Z

zabaione *m.* Weinschaumcreme aus
Zucker, Eiern u. Marsala ↑ *Wein.*

zampone ↑ Schinken u. Wurst.

Zeitschriften. *Frauen:* Amica, Anna-
bella, Confidenze, Gioia, Grazia,
Mille Idee per la Donna, Vogue Italia;
allg. Kulturpolitik: L'Espresso, L'Europeo, Panorama; *Kino:* ↑ *Film;*
Kunst: Casabella, Domus, Il Dram-
ma, Flash Art/Heute Kunst, Il Foto-
grafo, Graphicus, L'Illustrazione Italiana, FMR (seit 1986 auch in deutscher Übersetzung), Rivista Italiana di
Musicologia, Storia dell'Arte; *Litera-*
tur: Belfagor, Critica Letteraria,
Giornale della Libreria, L'Indice, Il
Mulino, Nuovi Argomenti; *Mode:*
↑ *altamoda; Natur:* Airone, Natura,
Acqua, Oasis (↑ *Organisationen, Ver-*
di); Religion: Città di Vita, La Civiltà
Cattolica, Il Fuoco, Humanitas, Pro-
testantismo, Rivista di Storia e Letteratura Religiosa; *Rundfunk-TV:* Ra-
diocorriere-TV, TV Sorrisi e Canzoni; *Unterhaltung:* Domenica del Corriere, La Famiglia Cristiana, Gente,
Oggi, Tempo. *Wissenschaften:* Archi-
vio per le Scienze Mediche, L'Automobile Fonderia, Meccanica, Minerva
Medica, Monti e Boschi, Motor, Offi-

cina, Physis, Rivista Geografica Italia-
na, Utensil; *Wirtschaft:* Capital,
Espansione, Mondo Economico.
↑ *Zeitungen.*

Zeitungen. *Tageszeitungen,* die in
ganz It. verbreitet sind: Avvenire, Il
Giorno, Il Giornale Nuovo, Il Corriere della Sera (alle in Milano, ↑ *Lom-*
bardia), La Repubblica (Roma, ↑ *La-*
zio), La Stampa (Torino, ↑ *Piemonte*).
– *Überregionale Z.:* Il Tempo, Il Paese
Sera, Il Messaggero (alle in Roma), Il
Gazzettino (Venezia, ↑ *Veneto*), Il Resto del Carlino (Bologna, ↑ *Emilia-*
Romagna), La Nazione (Firenze
↑ *Toscana*), La Gazzetta del Sud (Messina, ↑ *Sicilia*). *Abendzeitungen:* Corriere dell'Informazione, La Notte
(beide in Milano), Espresso Sera (Catania, ↑ *Sicilia*), Stampa Sera (Torino).
– *Sporttageszeitungen:* Stadio (Bologna), Tuttosport (Torino), La Gazzetta dello Sport (Milano), Corriere
dello Sport (Roma). *Wirtschaftszei-*
tungen: Corriere Mercantile (Genova,
↑ *Liguria*), Il Fiorino (Roma), Il Sole –
24 Ore, Italia Oggi (beide Milano). –
Parteitageszeitungen, Organi di parti-
to (↑ *Parteien*): L'Umanità (PSDI), Secolo d'Italia (MSI), Il Popolo (DC),
Avanti! (PSI), La Voce Repubblicana
(PRI), L'Unità (PCI), Il Manifesto (Il
Manifesto), Lotta Continua (Lotta
Continua). – Z., die auf Provinz- o.
Regionsebene erscheinen, sind unter
den einzelnen ↑ *Regionen* aufgeführt.
↑ *Zeitschriften.*

ziti ↑ pasta.

Zitrusfrüchte. Die nationale Produktion von Z. *(agrumi)* betrug 1983 ca.
22,4 Mio dz Apfelsinen, 8 Mio dz

Zitronen, 2,5 Mio dz Mandarinen u.
2,1 Mio dz Clementinen, dazu kleine-
re Mengen von Bergamotten (↑ *Obst*),
Pampelmusen, Zitronatzitronen sowie Limetten u. Mandarancio, eine
Kreuzung zwischen bitteren Apfelsinen u. Mandarinen. Mehr als die Hälfte der Z. wird in Sicilia produziert, es
folgen Calabria, Campania, Sardegna,
Basilicata, Puglia u. Lazio.

Zona archeologica ↑ Museen.

zuccotto. Biskuiteis in Form einer
Halbkugel.

zuppa. 1. Suppe, dünne Gemüsesup-
pe o. wie die z. *pavese*: Brühe mit
gerösteten Brotstücken u. Ei; 2. z.
inglese: Biskuitsüßspeise mit Creme
aus Zucker, Milch, Eiern u. Mehl, mit
Früchten u. Alkohol (z. B. Rum); da
sich in der BRD die römische Variante
der z.*inglese* durchgesetzt hat, nennt
man sie einfach z. *romana.*

Karten und Übersichten

1. Die Regionen

Quelle: F.N.I.T.

2. Dialekte und Regionalsprachen

Quelle: Nicola Zingarelli, Il nuovo Zingan, Bologna 1983, S. 27.

3. Universitätsstädte

Quelle: Ewald Berning, Hochschulen im Vergleich. Italien Bundesrepublik Deutschland, München 1988, S. 45.

4. Saison-Kalender für Obst

	JANUAR	FEBRUAR	MÄRZ	APRIL	MAI	JUNI	JULI	AUGUST	SEPTEMBER	OKTOBER	NOVEMBER	DEZEMBER
ÄPFEL	●	●	●	●	●	●						
APRIKOSEN							●					
BIRNEN	●	●	●	░	░		●	●	●	●	●	●
CLEMENTINEN	●	░									░	░
ERDBEEREN				░	●	●						
HASELNÜSSE	░								●	░		
KAKI											●	░
KASTANIEN	░								░	●	●	●
KIRSCHEN						●						
KIWI	░	░									░	░
MANDARINEN	●										░	░
MANDELN									░	●		
NEKTARINEN							●	●				
NETZMELONEN								░				
ORANGEN	●	●										
PFIRSICHE							●	●				
PFLAUMEN							●	●				
TRAUBEN								●	●	●	░	
WALNÜSSE									░	●		
WASSERMELONEN							●	●	●			
ZITRONEN	●	●	●	●							●	●
ZWETSCHGEN								●	●			

░ Monate, in denen die Produkte verfügbar sind.

● Monate, in denen das Angebot besonders groß ist.

Quelle: ICE.

5. Saison-Kalender für Gemüse

	JANUAR	FEBRUAR	MÄRZ	APRIL	MAI	JUNI	JULI	AUGUST	SEPTEMBER	OKTOBER	NOVEMBER	DEZEMBER
ARTISCHOCKEN				●	●							
AUBERGINEN						●	●	●	●	●	●	
BLUMENKOHL	●	●	●	●								●
BOHNEN						●	●					
BROCCOLI												
CHINAKOHL												
CIME DI RAPA Broccoli ähnlich												
DILL												
EISBERG-SALAT												
ENDIVIEN												
ERBSEN												
FENCHEL	●	●	●	●								●
FRÜHKARTOFFELN				●	●							
GURKEN												
KNOBLAUCH							●	●				
WEISSKOHL												
KOPFKOHL				●								
KOPFSALAT												
MÖHREN					●	●	●					
PAPRIKASCHOTEN				●	●	●	●	●	●	●		
PETERSILIE												
PORREE												
RADICCHIO	●	●	●								●	●
RADIESCHEN												
RETTICH												
RÖMISCHER SALAT												
SPARGEL												
SPINAT												
STAUDENSELLERIE	●	●	●	●								●
TOMATEN							●	●				
WIRSING												
ZWIEBELN				●			●	●				

░ Monate, in denen die Produkte verfügbar sind.

● Monate, in denen das Angebot besonders groß ist.

Quelle: ICE.

Aktuelle Länderkunden in der Beck'schen Reihe